ORGANIZATION DEVELOPMENT 04

조직문화 트렌드 2026

ORGANIZATION DEVELOPMENT 04

조직문화 트렌드 2026

한국 기업에 2026 SPARKLE 조직문화를 제안한다

정진호, 기민경, 박지호, 박진호, 최준오 지음

한국 기업이 나아가야 할 방향에 대한 통찰과 실천적 해법을 담다

차례

프롤로그 ——— 7

PART 1
조직문화를 흔드는 7가지 변화 신호
SPARKLE

1. Self-driven Work   통제의 시대를 넘어, 자기주도적 일의 시대 ——— 17
2. Platform with Care-centered Value   미래가 아닌 지금 당장의 돌봄 ——— 26
3. AI-Human Collaboration   AI는 경쟁자인가, 동료인가 ——— 37
4. Rehumanization   조직에서 잃어버린 사람다움의 복원 ——— 47
5. Knowledge Gap   XYZ세대 공존, 지식 격차를 넘어서 ——— 57
6. Life-Work Integration   일과 삶, 경계를 허물다 ——— 68
7. Empowered Belonging   주인의식 이후, 소속감의 시대 ——— 76

PART 2
조직문화 핵심이론

1. 조직문화의 정의 ——— 87
2. 조직문화의 구성 요소 ——— 92
3. 조직문화의 진단 ——— 100
4. 조직문화 활동의 3요소 ——— 105

PART 3
조직문화 핵심이슈

1 가치관: 2030 비전을 수립하는 기업들 — 117
2 일하는 방식 CoC 2.0　3대 키워드: 데이터 중심, 빠른 실행력, 책임감 — 135
3 생성형 AI 활용　생성형 AI, 조직의 운영체제를 바꾸다: 효율의 함정 vs 증강의 미래 — 144
4 리더십　리더십 패러다임의 전환, 새로운 리더십을 요구하다 — 156
5 성과관리　통제에서 성장으로! OKR이 바꾸는 성과관리 — 174

PART 4
DEIB 2.0 한국형 K-DEIB를 제안한다

1 왜 지금 DEIB인가? — 193
2 글로벌 동향과 한국 기업의 대응 — 208
3 한국형 K-DEIB의 설계 — 225
4 한국형 K-DEIB 실행을 위한 제언 — 244

에필로그 — 249

프롤로그

위기 속에서 다시 쓰는 조직문화의 미래

2025년, 한국 기업이 마주한 현실

"우리 회사의 조직문화는 전진했나요? 후퇴했나요?"

기업의 경영 환경이 나빠지면 조직문화는 후퇴한다. 2025년 한국 경제는 위기를 겪었다. 실질 GDP 성장률은 1.0%에 미치지 못할 것으로 예측된다. 고용 증가는 둔화하고, 실업률은 소폭 상승할 전망이다. 트럼프 2기의 관세 압박 속에서도 경상수지는 흑자를 유지하지만, 흑자 폭은 축소가 예상된다. 1년 내내 투자 둔화, 소비 회복 지연, 수출 압박을 받았다. 회사가 어려우면 직원들의 행동은 위축되고, 조직의 분위기는 경색된다. 위기 앞에서 많은 기업들은 익숙한 방식으로 돌아갔다. 더 많은 관리, 더 강한 성과 압박, 더 촘촘한 통제.

2025년의 한국 기업 조직문화는 후퇴했다. 실적주의, 관리 중심, 유연근무 약화, 다양성과 웰빙의 후순위화. 그러나 역설적으로 직원들은 더 이상 강압적 관리나 보상으로 움직이지 않는다. 외부 환경은 변하는데 내부 구성원은 변하지 않을 것이라는 생각하는 것은 난센스다. 오히려 직원들은 조직에 지금까지와는 다른 질문을 던지고 있다. "내가 하는 일은 어떤 의미가 있는가? 나는 성장하고 있는가?"

변화의 신호를 읽는 법, SPARKLE

2026년, 한국 기업 조직문화는 새로운 전환점을 맞이하고 있다. 위기를 돌파하는 열쇠는 익숙한 과거로의 회귀가 아니라, 변화의 신호를 정확히 읽고 과거와 다르게 대응하는 것이다. 이 책은 그 변화를 관통하는 7가지 신호, SPARKLE을 제시한다.

S - Self-driven Work (자기주도적 일의 시대)

통제와 관리로는 더 이상 사람을 움직일 수 없다. 직원들이 스스로 의미를 느끼고 주도적으로 일할 때만 진짜 성과와 혁신이 가능하다. OKR, 잡 크래프팅 같은 방법론을 통해 '시키는 대로 일하는 사람'이 아니라 '일의 주인'으로 일하는 조직을 만들어야 한다.

P - Platform with Care-centered Value(지금 당장의 돌봄)

평생직장이 사라지고 AI가 일자리를 위협하는 시대, 직원들은 먼 미래의 약속이 아니라 지금 이 순간 체감할 수 있는 돌봄을 원한다. 물질적 차원과 정서적 차원이 함께 설계된 플랫폼, 그리고 조직의 목적과 개인의 성장이 연결되는 경험이 필요하다.

A - AI-Human Collaboration(AI는 동료인가, 경쟁자인가)

AI 직원이 사번을 받고 입사하는 시대가 열렸다. 직원의 상당수가 AI로 인한 고용 불안을 느끼지만, AI는 대체자가 아니라 협력자가 되어야 한다. 핵심은 AI 리터러시litetacy(읽고 쓰고 활용하는 능력) 교육과 심리적 안전감, 그리고 인간과 AI의 보완적 파트너십을 설계하는 것이다.

R - Rehumanization(잃어버린 사람다움의 복원)

기술이 가속할수록 조직은 비인간화의 그림자와 마주한다. 이제 필요한 것은 기술 중심으로 기울어진 무게추를 사람 중심으로 되돌리는 것이다. 공감적 리더십, 협업과 연결의 회복, 소프트 스킬과 메타스킬의 재발견이 그 길이다.

K - Knowledge Gap (XYZ세대 공존, 지식 격차를 넘어서)

회의실에는 X세대 경영진, Y세대 팀장, Z세대 신입사원이 함께 존재한다. 경험과 언어, 기대치가 다른 세대 간 간극은 갈등의 씨앗이 될 수도 있고 혁신의 자원이 될 수도 있다. 세대 간 멘토링과 상호 학습, 세대 교차형 리더십의 해법을 찾아야 한다.

L - Lifework Integration (일과 삶, 경계를 허물다)

워라밸을 넘어 워라블의 시대가 왔다. 일과 삶을 철저히 나누는 대신, 두 영역이 자연스럽게 조화를 이루며 서로를 풍요롭게 만드는 경험. 성과 중심의 워크 축과 회복 중심의 라이프 축을 균형 있게 설계하는 것이 2026년의 과제다.

E - Empowered Belonging (주인의식 이후, 소속감의 시대)

"주인의식을 가져라"는 말은 먹히지 않고 오해를 유발한다. 이제 필요한 것은 주체적 소속감이다. "나는 이곳에서 중요한 역할을 하고 있고, 내 목소리가 존중받는다"는 확신. 그것이 진짜 몰입과 성과를 만든다.

이론과 실천을 아우르는 통합적 접근

트렌드 분석을 다룬 Part 1에 이어, Part 2에서는 현재 시점에서의 조직문화의 핵심 이론을 다룬다. 조직문화의 정의, 구성요소, 진단 방법, 그리고 의식화·조직화·제도화라는 조직문화 활동의 3요소를 통해 조직문화를 체계적으로 이해하고 실행할 수 있는 프레임워크를 제공한다.

Part 3에서는 분야별 조직문화 중요 이슈를 다룬다. 가치관 정립, 일하는 방식(CoC), 생성형 AI 활용, 리더십 패러다임의 전환, 그리고 OKR 중심의 성과관리까지. 각 주제는 2025년 흐름을 정리하며, 2026년 한국 기업의 현실을 반영한 실질적 가이드로 구성되어 있다.

Part 4는 한국형 K-DEIB를 제안한다. 다양성Diversity, 공정성Equity, 포용성Inclusion, 소속감Belonging은 더 이상 서구의 전유물이 아니다. 한국 기업의 독특한 맥락-세대 갈등, 여성 리더십 확대, 경력단절과 복직, 정규직-비정규직 격차-을 반영한 실용적이고 통합적인 접근이 필요함을 제시하고 있다.

신호를 읽는 기업이 살아남는다

2026년 한국 기업이 맞이할 조직문화는 위기 속에서 조직과 구성원이 함께 성장하기 위한 생존과 경쟁력을 좌우하는 전략적 자산이다. SPARKLE이 보여주는 7가지 신호는 이미 현장에서 움직이고 있다. 이 신호를 읽고 대응하는 조직은 위기를 기회로 전환할 것이고, 무시하는 조직은 도태될 것이다. 변화의 물결은 이미 시작되었다. 질문은 하나다.

"당신의 조직은 준비되어 있는가?"

이 책은 다양한 분야의 전문가 5인이 2026년 한국 기업이 나아가야 할 조직문화 방향성을 제시하기 위해 의기투합한 결과물이다. 열정과 통찰력을 담아준 가치관경영 기민경 상무, 생성형 AI 박지호 교수, 성과관리 박진호 상무, 리더십 최준오 교수에게 감사의 말씀을 드린다. 출판을 허락해 준 플랜비디자인 최익성 대표께도 감사의 말씀을 드린다. 이 책이 위기의 시대에 새로운 조직문화의 힘으로 지속가능한 성장을 만들려는 기업에 영감과 통찰을 제공하기를 바란다.

저자를 대표해서,
정진호

PART 1

조직문화를 흔드는 7가지 변화 신호

SPARKLE

1
Self-driven Work
통제의 시대를 넘어, 자기주도적 일의 시대

지금 한국 기업들에서 나오는 "먹고 살기 힘들다"는 말은 현실이다. 한국경영자총협회 조사에 따르면, 97%가 올해 경제위기를 예상했고, 22.8%는 1997년 IMF 외환위기보다 더 심각할 것이라고 답했다. 이런 분위기 속에서 많은 기업들은 위기 돌파를 위해 익숙한 방식으로 돌아가고 있다. 더 많은 관리, 더 강한 성과 압박, 더 촘촘한 통제. 그러나 이런 방식이 과연 효과적인가? 단기적으로는 성과를 끌어올릴 수 있을지 모른다. 하지만 장기적으로는 직원들의 몰입과 혁신 역량을 갉아먹고, 결국 조직 성과마저 떨어뜨린다고 연구와 사례들은 한 목소리로 경고한다.

현장은 이미 이를 보여준다. 2025년 한국노동연구원에 따르면 한국 직장인의 몰입도는 29%로 글로벌 평균인 31%보다 낮으며, 특히 MZ세대의 하락폭이 두드러졌다. 2024년 KBR$^{Korea Business Review}$의 연구 역시 관리·통제 중심 문화가 일시적 성과를 낼 수는 있어도, 지속 가능한 성과는 오직 내재적 동기·신뢰·책임 기반의 문화에서 비롯된다고 강조한다. 퀸^{Quinn}과 캐머론^{Cameron}의 경쟁가치 모형$^{Competing Values Framework, CVF}$ 연구도 같은 맥락이다. 통제형 문화는 안정성은 줄 수 있어도 불확실성이 큰 시대에는 변화 대응력과 창의성을 억누르기 때문에 오히려 실행력을 떨어뜨린다는 것이다.

결국 조직문화의 이런 역행은 성과 둔화라는 대가로 돌아오고 있다. 2025년 조직문화는 분명히 후퇴했다. 실적주의와 관리 중심, 유연근무의 약화, 다양성과 웰빙의 후순위화가 그것이다. 그러나 직원들은 더 많은 보상이나 강압적 관리만으로 움직이지 않는다. 오늘날 그들이 조직에 던지는 질문은 단 하나다.

"내가 하는 일은 어떤 의미가 있는가?"

2025년 갤럽^{Gallup} 조사에 따르면, 전 세계 직원 중 59%가 "자신의 일에서 의미를 발견할 때 몰입도가 두 배 이상 높아진다"고 답했다. MIT 슬론 매니지먼트 리뷰 역시 의미 있는 일을 경험하는 직원은 이직 의향이 무려 75%나 낮아진다고 밝혔다. 단순히 급여나 복지 차원을 넘어, '일의 의미'가 곧 몰입과 성과를 가르는 핵심 요인이 된 것이다. 한국고용정보원의 최근 조사에서도 MZ세대 직장인들이 꼽은 '좋은 일자리의 조건' 1순위는 안정성이 아니라 '보람과 의미'였다. 더 이상 통제와 관리만으로 사람들을 움직일 수 없다. 직원들이 스스로 의미를 느끼고 주도적으로 일할 때 진짜 성과와 혁신이 가능하다.

자기주도적 일 Self-driven Work의 부상

2026년 조직문화 트렌드에서 첫 번째로 주목해야 할 키워드는 바로 Self-driven Work(자기주도적 일)이다. '자율적으로 일한다'는 차원을 넘어서 스스로 목표를 세우고, 방법을 설계하며, 성과에 책임을 지는 방식이다. 즉 '시키는 대로 일하는 사람'이 아니라 '일의 주인'으로서 일하는 태도를 말한다. 이런 환경에서는 직원들이 수동적으로 지시를 따르기보다 스스로 의미와 동기를 발견한다. 그 결과 몰입과 창의성이 자연스럽게 높아지고, 위기 상황에서도 단순히 버티는 것을 넘어 새로운 기회를 찾고 해답을 만들어내는 힘을 얻게 된다.

자기주도적 일의 확산, 무엇이 달라지고 있을까?

최근 한국 기업에서도 업무의 방식과 성과관리, 학습문화 전반에 걸쳐 '자기주도성'을 강화하는 변화가 나타나고 있다.

첫째, 업무 구조의 변화

프로젝트 단위 조직이나 애자일^{Agile} 스쿼드 방식이 확산되면서 구성원 스스로 목표를 정하고 실행하는 사례가 늘고 있다. 과거 정해진 부서와 역할 속에서 정형화된 업무를 수행했다면, 이제는 프로젝트 성격에 따라 팀이 유연하게 구성되며, 구성원 개개인이 더 큰 자율성을 발휘하는 것이다.

둘째, 성과관리 방식의 전환

KPI 중심, 위에서 내려오는 목표 설정 방식은 직원들을 수동적으로 만든다. 최근에는 OKR$^{Objective\ and\ Key\ Results}$이나 자기설정형 목표 관리$^{Self\text{-}set\ goals}$가 확산되고 있다. 구성원 스스로 목표를 세우고 그 과정에 책임을 지는 경험을 통해, 몰입과 성과가 동시에 강화되는 것이다.

셋째, 학습과 성장 방식의 변화

기업 주도의 학습관리 플랫폼에서 개인이 주도적으로 성장 경로를 설계하는 학습경험 플랫폼LXP:Learning eXperience Platform으로 전환되고 있다. 인공지능을 접목해 개인의 관심사, 직무, 학습 데이터를 분석하여 각자의 스타일과 요구에 맞춘 학습을 지원하며, 동료 간 지식 공유를 통해 스스로 성장의 방향을 결정하는 자기주도형 학습 방식으로 진화하는 것이다. 이러한 변화 속에서 구성원들은 점차 "내 성장은 내가 스스로 설계하고 책임진다"는 인식을 내면화하고 있다.

자기주도성, 현장에서 입증되다

OKR로 몰입과 자기주도성을 끌어올리다

한화생명/한화 금융 계열사

한화는 기존 KPI 체계의 한계를 극복하기 위해 OKR을 도입했다. 이 과정에서 직원들의 목표는 더욱 구체적이고 명확해졌으며, 부서 간 협업도 활발해졌다. 또한 IT 시스템과 코칭 조직을 함께 구축하여, 단순한 목표 관리 차원을 넘어 목표 지향적이고 자기주도적인 문화를 만들어내는 데 성공했다.

스콜라스

정부 지원 일터혁신 컨설팅을 통해 OKR을 도입해 37% 매출 성장률과 이직률이 절반 이하로 줄어드는 성과를 거두었다. 무엇보다 OKR을 통해 직원들이 자율적으로 목표를 설정하고 실행에 책임을 지게 되면서, 조직 내 몰입과 효율성이 크게 향상되었다. 이 사례는 OKR이 단순한 성과관리 도구를 넘어, 자기주도성을 촉진하는 핵심 장치임을 잘 보여준다.

잡 크래프팅 Job Crafting으로 일의 의미를 재발견하다

구글

잡 크래프팅이란 개인이 자신의 선호, 능력, 욕구에 맞도록 스스로 일을 변화시켜 일의 가치와 일의 의미를 정립하는 활동이다. 또한 구체적 실현 전략으로 일의 내용과 접근 방식을 바꾸는 '과업 만들기 Task Crafting', 관계의 질과 양을 바꾸는 '관계 만들기 Relational Crafting', 그리고 일에 대한 관점을 바꾸는 '의미 만들기 Cognitive Crafting'가 있다.

구글은 이를 활용한 워크숍을 진행했다. 직원들은 자신의 강점, 가치, 흥미에 따라 일을 추가/확대/축소/작업하는 작업(과업 만들기)을 진행하고 잡 크래프팅 계획을 작성했다. 이 과정에는 동료와의 관계 자원을 어떻게 활용할지(관계 만들기), 일을 어떻게 바라볼지 새롭게 정의하는 과정(의미 만들기)도 포함되었다. 참가자들은 잡 크래프팅을 통해 일의 의미를 새롭게 인식하고 성장의 경험을 얻을 수 있었다. 그리고 구글은 각자가 수립한 계획을 적극 지원했다. 6주 후 참가자들의 매니저와 동료들은 이들의 업무 몰입도와 효과성이 뚜렷하게 향상되었다고 평가했으며, 이는 곧 조직 성과 개선으로 이어졌다.

2026년 우리는 어디로 가야 하는가

2026년 한국 조직문화에서 Self-driven Work는 '자율근무'가 아니라 '성과와 몰입을 자율 기반에서 재설계하는 것'을 의미한다.

- **자율과 책임의 균형**: 자기주도는 방임이 아니다. 조직은 자율을 허용하되, 명확한 역할·책임·성과 기준을 함께 제시해야 한다.
- **일의 재설계**Job Crafting: 직원들이 스스로 자신의 일을 의미 있게 설계할 수 있도록 제도적 장치(예: 자기주도 프로젝트, 직무 전환 기회)를 제공해야 한다.
- **몰입 기반 성과관리**: 성과평가를 단순 KPI 달성 여부가 아니라 OKR 등 주도성과 몰입을 핵심 지표로 재설계해야 한다.
- **리더십의 역할 변화**: 리더는 관리자가 아니라 코치·촉진자로 전환해야 한다. 직원의 자기주도를 방해하지 않고, 성장과 성취를 지원하는 것이 새로운 리더십의 핵심이다.

｜정리｜

Self-driven Work는 경기 침체와 불확실성의 압력 속에서 2026년 한국 조직문화의 필수 조건으로 자리 잡을 것이다. 이는 '나다운 일(자기설계) + 책임 기반 성과 + 리더십 전환'으로 구체화될 때 비로소 힘을 발휘한다. 자기주도적 일이 정착된 조직은 구성원의 몰입과 혁신을 끌어올림과 동시에 변화와 위기에 흔들리지 않는 지속 가능한 경쟁력을 확보할 수 있다.

2
Platform with Care-centered Value
미래가 아닌 지금 당장의 돌봄

평생직장이 사라진 시대, 단계별 승진과 정년퇴직이라는 플랫폼이 무너진 시대, AI 직원이 내 자리를 위협하는 시대. 2023년 동아일보와 인크루트 합동 조사에 따르면 정년을 채우고 퇴직한 직장인은 8.5%에 불과하며, 이 수치는 앞으로 더 낮아질 것으로 전망된다. 과거에는 한 회사에서 장기 근무를 하는 것이 미덕으로 여겨졌지만, 요즘 2030세대에게 이직은 흔한 선택지가 됐다. 평생직장, 평생직업이라는 개념이 사라지면서 기회가 발생했을 때 커리어를 이동하는 '커리어 노마드족'이 증가하고 있다. 한국 직장인의 근속 기간은 점점 짧아지고 있다. 2023년 잡코리아의 조사에 따르면 직장인들이 생각하는 이상적인 근속 기간은 약 5년에 불과했다. 더 나아가, 재직 기간이 5년이 채 되지 않았더라도 회사에서 더 이상 성장 기회가 없다고 판단되면 과감히 이직하는 것으로 나타났다.

결국 직원들이 느끼는 불안과 번아웃의 뿌리는 단순한 업무 과중이 아니다. "내가 존중받고 있는가?", "내 일은 성장과 연결되어 있는가?"라는 질문에 답을 찾지 못할 때 번아웃은 빠르게 번진다. 이제 직원들은 '회사의 10년 후 비전'이나 '노력에 대한 대가'로 마음이 움직이지 않는다. 불확실성이 일상이 된 지금, 그들이 진정으로 바라는 것은 먼 미래의 약속이 아니라 오늘 이 순간에서 체감할 수 있는 '돌봄 중심 가치를 담은 플랫폼'이다. 여기서 말하는 플랫폼은 단순히 기술적 시스템이 아니라, 직원이 조직과 맺는 모든 접점을 담아내는 통합적 그릇이다. 물질적 차원(급여, 복지, 경력개발)과 정서적 차원(인정, 신뢰, 심리적 안전감)이 함께 설계될 때 비로소 직원은 '이곳에서 존중받고 있다'는 확신을 갖는다.

조직이 '당신은 이 회사에서 존중받고 있으며, 당신의 성장은 우리에게 중요하다'는 메시지를 제도와 경험으로 보여줄 때, 직원들은 비로소 다시 일에 몰입할 이유를 찾는다. 더 나아가, 회사의 목적이 개인의 커리어와 맞닿아 있다는 확신을 줄 때, 직원들은 단순히 '머무는 것'을 넘어 '함께 성장하는 이유'를 발견한다.

"불안의 시대, 우리 회사는 나를 지금 돌보고 있는가?"

기업의 중장기 비전은 여전히 중요하다. 그것은 조직과 직원들이 향해야 할 방향을 제시한다. 하지만 오늘날 직원들은 더 이상 먼 미래의 비전과 약속만으로는 동기부여되지 않는다. 이제 그들에게 중요한 것은 조직 안에서 단순히 '생존^{survive}'하는 것이 아니라, 지금 이 순간에도 '성장하고 있다는 감각^{thrive}'을 체감하는 것이다.

돌봄 중심 가치의 부상

미국의 직원 보상 솔루션 업체 O.C. Tanner는 Culture Trends 보고서에서 2025년 조직문화의 핵심 키워드로 '돌봄 중심 가치$^{Care\text{-}centered\ Value}$'를 꼽았다. 월급과 복지를 제공하는 수준이 아니라, 직원의 실제적 필요와 성장 욕구를 반영하는 새로운 관계 전환이 필요하다는 것이다. 다시 말해, 거래적인 관계를 넘어 신뢰와 돌봄을 기반으로 한 플랫폼을 만들어야 직원들이 "이 조직에서 나는 존중받고 있다"는 확신을 가지며 다시 일에 몰입할 이유를 찾는다는 뜻이다.

즉 리더와 조직이 보여주는 '케어'는 단순한 배려가 아니라 몰입·성과·혁신의 토대다. 실제 조사에 따르면, 돌봄을 체감하는 직원은 번아웃 확률이 84% 낮고, 이직 의도가 30% 감소했다. 더 나아가 몰입은 12배, 성과는 7배까지 높아졌다. 이는 돌봄이 직원의 감정을 다독이는 차원을 넘어, 조직의 핵심 성과 지표와 직결됨을 보여준다.

그렇다면 돌봄은 어떻게 구현되는가? 작은 인정의 말 한마디, 경력 개발 기회의 제공, 변화기에 보여주는 리더의 지지가 바로 그 시작이다. 직원은 이를 통해 '회사가 나의 성장을 진지하게 생각한다'는 신뢰를 얻게 된다. 결국 케어 중심의 목적은 사람을 존중하는 문화와 성과를 동시에 강화하는 전략적 접근이다.

딜로이트Deloitte는 '목적 중심 조직은 단순한 선언문이 아니라, 리더십과 정책, 제도 전반에 목적이 스며든 조직'이라고 강조했다. 목적은 벽에 걸린 액자에 적힌 문구가 아니라, 직원이 매일의 일상 속에서 확인할 수 있는 살아 있는 가치여야 한다. 나의 성장과 회사의 비전이 연결되는 지점에서 비로소 진정성을 가진다.

데이터도 이를 뒷받침한다. 딜로이트에 따르면 목적 중심 조직은 그렇지 않은 조직보다 직원 유지율이 40% 높고, 위기 상황에서 고객 신뢰를 세 배 빠르게 회복한다. O.C. Tanner(2025) 역시 직원의 73%가 "회사의 목적이 나와 연결되어 있다"고 느낄 때 몰입도가 급격히 높아진다고 보고했다. 반대로 추상적 구호만 내세운 조직에서는 불신만 깊어졌다.

결국 AI 시대처럼 불안이 커질수록, 직원들은 '성과를 내라'는 지시가 아니라 '당신은 존중받고 있다'는 메시지가 담긴 케어 중심 목적 속에서 다시 동기를 찾는다. 한국 기업문화에서도 이런 '돌봄 중심 플랫폼'은 점차 현실화되고 있다. 성장 지원, 일상 속 보살핌, 그리고 업무 속 가치 체감이라는 세 축을 통해, 직원들은 지금 이 순간에도 '나는 존중받고 있고, 성장하고 있다'는 경험을 하고 있다.

돌봄 중심 가치를 강조한 조직문화, 무엇이 달라지고 있을까?

체계적인 일대일 커리어 멘토링으로 세대와 가치를 잇다
: LG에너지솔루션

LG에너지솔루션은 구성원의 성장을 돕기 위해 '커멘토$^{Career\ Mentoring}$' 프로그램을 운영한다. 성장지원팀이 주도하는 이 프로그램은 사내 선배와 후배 직원을 일대일로 연결하여 개인 맞춤형 커리어 상담을 지원한다. 특히 단순히 경험 많은 선배를 연결하는 수준을 넘어, 사내 워크숍과 커리어 진단 툴을 활용해 멘티의 성향과 고민을 분석하고, 이를 토대로 최적의 멘토를 매칭하는 체계적인 구조가 특징이다. 멘토링을 단순한 사내 친목 활동이 아닌 전략적 성장 플랫폼으로 진화시킨 예라 할 수 있다.

참여 직원들은 멘토와의 대화를 통해 업무 역량 개발, 경력 경로 설계, 정서적 지지까지 폭넓은 지원을 받는다. 이를 통해 구성원은 조직의 가치관을 자신의 비전과 연결하며, 회사 역시 직원의 성장을 체계적으로 뒷받침하는 문화를 강화하고 있다.

직원용 콘시어지 Concierge 서비스로 업무 몰입 환경을 만들다
: 미국 및 국내 IT기업

미국 기업들은 최근 직원용 콘시어지 프로그램을 적극 도입하고 있다. 세탁, 예약, 가사 지원, 여행 일정 관리 같은 직원의 일상 업무를 회사나 제3자 업체가 대신 처리하거나 연계해주는 방식이다. 실제로 미국 인적자원관리협회 SHRM의 보고서에 따르면, 직원의 93%가 콘시어지 서비스가 스트레스를 줄이는 데 도움된다고 응답했으며, 92%는 이 서비스를 통해 조직으로부터 존중받고 있으며 자신이 중요한 존재로 인식된다고 느낀다고 한다.

국내 한 IT 기업에서도 유사한 서비스를 운영하고 있다. 직원들은 이 서비스를 통해 회사 업무뿐 아니라 가사·여행 계획·맛집 추천·현금 인출·병원 정보 제공과 같은 개인적인 필요까지 지원받는다. 일종의 '개인 비서형' 서비스다. 또한 주택 자금 무이자 대출, 사내 헤어살롱, 생일 및 경조사 축하금, 리프레시 휴가 등 생활과 직접 연결되는 복지 제도도 함께 운영된다. 이러한 지원은 직원이 일상 속에서 '존중받고 있다'는 감각을 체감하게 하며, 단순한 복지 차원을 넘어 '돌봄 중심 목적'을 생활 속 실천으로 확장한 사례라 할 수 있다. 복지를 단순한 '혜택'이 아닌, 직원의 일상에 스며들어 몰입과 신뢰를 동시에 강화하는 문화적 장치로 발전시킨 대표적인 예다.

사내벤처 C-Lab으로 조직의 비전과 나의 비전을 연결하다
: 삼성전자

삼성전자는 사내 오픈 이노베이션 프로그램인 'C-Lab'을 통해 직원 개인의 문제의식과 아이디어를 조직의 전략적 방향성과 연결하고 있다. 연구원이나 일반 직원 누구나 자신의 아이디어를 프로젝트로 제안할 수 있으며, 선정되면 사내벤처로 발전시킬 기회를 얻게 된다. 이 과정에서 직원들은 개인의 창의적 아이디어가 단순히 개인적 성취에 그치지 않고, 회사의 비전인 '지속 가능한 혁신'과 직접 연결되는 경험을 하게 된다. '조직의 목적'과 '나의 비전'이 자연스럽게 맞닿는 구조가 만들어지는 것이다. 삼성전자의 C-Lab은 개인의 동기와 조직의 전략적 비전이 만나는 접점을 제도적으로 보장하며, 구성원이 '내 일이 곧 회사의 미래와 연결되어 있다'는 몰입감을 체감하게 하는 사례다.

2026년 우리는 어디로 가야 하는가

이상적인 약속만으로는 직원들을 설득할 수 없다. 이제 필요한 것은 '지금 여기서 체감되는 목적'이다. 2026년 한국 조직문화에서 'Platform with Care-centered Value'는 회사의 존재 이유를 외치는 구호가 아니라, 직원이 일상에서 직접 경험하는 돌봄과 의미를 뜻한다.

- 구호에서 경험으로

미션과 비전은 벽에 걸린 문구가 아니라, 직원이 매일 맞닥뜨리는 제도와 정책, 리더의 결정에서 구체적으로 체감되어야 한다. '우리는 사람을 존중한다'는 선언은 회의 시간 단축, 재배치 중심의 인사 정책, 실질적인 웰빙 지원 같은 일상의 선택에서 입증될 때 힘을 갖는다.

- 개인과 조직의 정렬 Alignment

진정성 있는 목적은 조직의 비전이 개인의 커리어 비전과 맞닿는 순간에 진정성을 얻는다. 직원이 '내 일이 곧 회사의 미래와 연결된다'는 감각을 느낄 수 있도록, 사내벤처, 자기주도 프로젝트,

맞춤형 성장 경로 지원 같은 장치가 필요하다.

• 리더십의 내러티브 전환

리더는 관리자가 아니라 목적을 해석하고 이야기하는 사람이 되어야 한다. '오늘 우리의 결정이 누구를 돌보고 있는가?'라는 질문에 답할 수 있을 때, 조직의 목적은 구호가 아닌 스토리로서 설득력을 가진다.

• 데이터와 제도로 증명하기

돌봄은 더 이상 '따뜻한 말'로만 남아서는 안 된다. 직원 경험 조사, 웰빙 지표, 사회적 가치 측정 같은 데이터와 제도를 통해 '우리는 당신을 존중한다'는 메시지를 증명해야 한다.

• 세대별 맞춤형 돌봄

돌봄은 모든 직원에게 똑같이 주어지는 혜택이 아니다. 세대와 연령에 따라 필요와 불안이 다르므로, 이를 이해할 때 비로소 진정한 플랫폼이 완성된다. 조직은 모든 구성원을 동일하게 대하는 것이 아니라, 각 세대의 특성과 요구에 맞춰 돌봄 방식을 달리해야 한다. 예컨대 20~30대는 성장과 커리어 확장을, 40대는 경력 정체

해소와 가족 돌봄 지원을, 50대는 경험 존중과 점진적 전환을 필요로 한다. 조직이 이를 구체적으로 반영할 때, 돌봄은 단순한 복지를 넘어 몰입과 성과를 끌어올리는 운영체제가 된다.

| 정리 |

Platform with Care-centered Value는 가까운 내일을 향해 나아가는 구성원들을 위한 2026년 한국 조직문화의 핵심 조건이다. 직원들은 지금 이 순간의 돌봄, 그리고 목적 속에서 일할 이유를 찾는다. 즉 Platform with Care-centered Value는 단순히 하나의 제도가 아니라, 물질적·정서적 차원을 아우르는 통합적 경험 플랫폼이며, 세대·연령별로 다른 필요와 불안을 맞춤 지원하는 구조여야 한다. Platform with Care-centered Value는 불안의 시대에 직원에게 '내가 이곳에 있는 이유'를 제공하고, 조직에는 흔들리지 않는 성과와 신뢰를 가져다주며 '돌봄이 스며든 경험 + 개인, 조직 비전의 정렬 + 리더십 내러티브 + 제도적 증명'을 통해 직원 몰입과 조직 성과를 동시에 끌어올리는 전략이 된다.

3
AI-Human Collaboration
AI는 경쟁자인가, 동료인가

새로운 종^種의 직원들이 입사하기 시작했다. 현대백화점의 '루이스', SK텔레콤의 '나법카', '나피알', '송사업' 등 이들의 정체는 바로 'AI 직원'이다. 현대백화점의 인공지능 카피라이팅 시스템 '루이스'는 영업전략실 커뮤니케이션팀 소속으로 마케팅 문구 제작 업무를 맡고 있으며, SK자금팀의 '나법카'는 법인카드 사용이나 한도에 관한 단순 질문을 답변해주는 업무를, '나피알'은 보도자료 초안 작성 업무를, 그리고 '송사업'은 여론조사 가상번호 업무를 담당하고 있다. SK에는 현재 AI 직원이 20여 명에 달하며 이들은 실제 직원처럼 소속과 직위, 심지어 사번까지 부여 받았다.

그러나 직원들의 마음은 복잡하다. 글로벌 조직 컨설팅 및 플랫폼 기업인 퍼셉틱스Perceptyx의 조사에 따르면, 직원의 37%가 AI로 인한 고용 불안을 체감하고 있다. 특히 Z세대의 경우 60% 이상이 AI로 인해 일자리를 위협받을 수 있음을 우려한다. AI 직원의 등장은 단순한 기술 혁신이 아니라 일터의 안정과 정체성 자체를 흔드는 문제로 받아들여지고 있는 것이다. 누군가에게는 편리한 도우미이자 동료가 될 수 있지만, 누군가에게는 잠재적 경쟁자로 다가온다.

결국, 우리는 근본적인 질문 앞에 서게 된다. **"AI는 경쟁자인가, 동료인가?"**

AI는 단순한 기술 혁신을 넘어 '제4차 산업혁명'의 핵심 동력으로 불리며, 일터의 풍경을 근본적으로 바꾸고 있다. 기업들이 생성형 AI를 도입해 업무 효율과 생산성 향상을 꾀하면서, 구성원들의 일하는 방식 역시 빠르게 달라지고 있다. 직원들은 새로운 도구에 적응하기 위해 바쁘게 움직이며, AI와 함께하는 업무 환경에 점차 익숙해지고 있다.

실제 조사 결과도 이러한 변화를 뒷받침한다. 한국 마이크로소프트와 링크드인이 2024년에 발표한 '업무동향지표'에 따르면, 전체 근로자 4명 중 3명이 직장에서 AI를 활용하고 있으며, 불과 6개

월 사이 AI 사용 비율이 46%나 증가했다. 2025년 한국은행의 조사에 따르면 국내 노동자는 업무를 위해 주당 5~7시간 생성형 AI를 활용하고 있으며, 그 결과 업무 시간이 평균 1시간 30분 단축된 것으로 나타났다. 또한 세일즈포스Salesforce 보고서에 따르면 일일 AI 사용자 중 64%는 생산성 향상, 58%는 집중력 향상, 81%는 업무 만족도 향상을 경험했다고 응답했다.

AI-인간 파트너십 AI-Human Collaboration 의 부상

AI는 기업 환경에서 초효율과 생산성 혁신을 가능하게 하는 기회의 영역이자, 피할 수 없는 흐름이다. 이 흐름에서 필요한 것은 동료로서 인식할 수 있도록 돕는 인식 전환의 제공이다. 동시에 일자리가 위협받고 있다는 불안을 넘어설 수 있도록 심리적 안전감을 제공해야 한다. 마이크로소프트는 '2025 업무동향지표'에서 인간과 AI가 협업하는 '프론티어 기업Frontier firms'의 등장을 예고했다. 2026년, AI는 기업의 생산성 향상뿐만 아니라 조직문화의 DNA 자체를 바꾸는 힘으로 작동할 것이다. 기술을 어떻게 받아들이고, 사람과 어떻게 연결할 것인가가 앞으로의 기업 성패를 좌우하게 된다.

AI와의 협업으로 일의 패러다임이 바뀌는 시대, 무엇이 달라지고 있을까?

AI가 빠르게 확산되면서 기업들은 단순한 기술 도입을 넘어, 구성원들의 역량 강화와 심리적 안전감 보장이라는 새로운 조직문화 과제와 마주하게 되었다. 최근 한국 기업에서도 이를 위한 구체적인 시도들이 눈에 띈다.

첫째, AI 리터러시 강화

AI의 급격한 확산은 새로운 도구를 도입하는 문제를 넘어, 구성원의 이해와 활용이라는 과제가 있다. 아무리 뛰어난 기술이라도 직원들이 불안감으로 제대로 활용하지 못한다면 생산성 향상은커녕 저항과 혼란만 키울 수 있다. 따라서 조직은 AI에 대한 지식과 태도, 활용 역량을 높이는 교육을 통해 'AI는 위협이 아니라 기회의 도구'라는 인식을 심어주고 있다.

둘째, 심리적 안전감을 높이려는 노력

AI의 확산은 직원들에게 효율성과 기회의 상징과 동시에 일자리 위협이라는 불안으로 다가오고 있다. 실제로 AI가 내 역할을 대신할지도 모른다는 우려가 커지고 있으며, 이는 몰입과 신뢰를 떨어뜨릴 수 있는 잠재적 위험 요인이 되고 있다. 이에 기업들은 단순히 기술을 도입하는 데 그치지 않고, 직원들이 '나의 일은 여전히 의미 있고 가치 있다'는 확신을 가질 수 있도록 문화적·제도적 장치를 마련하려 하고 있다. 리더들은 AI가 인간을 대체하는 존재가 아니라 인간의 역량을 확장하고 보완하는 파트너임을 지속적으로 이야기하며, 제도적으로도 이를 보증하려는 움직임이 자리 잡고 있다. 이러한 심리적 안전감이 뒷받침될 때 직원들은 위협 대신 기회를 바라보며 AI를 주도적으로 활용할 수 있게 된다.

AI-Human Collaboration, 현장에서 입증되다

AI 리터러시 교육으로 AI-인간 협업의 기반을 다지다

SK텔레콤

SK텔레콤은 '글로벌 AI 기업'을 선언하며 임직원 전원을 대상으로 3단계 AI 리터러시 교육 과정을 운영한다. 기본 이해부터 고급 활용까지 단계적으로 구성된 교육은 직원들이 AI를 단순한 기술이 아닌 업무의 동료로 받아들이도록 돕고 있다.

코레일

코레일은 신임 팀장들을 대상으로 프롬프트 엔지니어링과 생성형 AI 활용 교육을 진행했다. 보고서 자동화, 리서치, 고객 응대 등 실무 중심으로 설계된 교육은 AI 활용 불안감을 줄이고, 'AI를 활용할 줄 아는 리더십'을 자리 잡게 하고 있다.

대학내일

광고대행사 대학내일은 코멘토와 협업해 임직원을 대상으로 실습형 생성형 AI 리터러시 교육을 진행했다. 단순 강의가 아니라 실제 프로젝트와 연결되는 방식으로 운영되며, 직원들이 AI를 경험 속에서 체득할 수 있게 했다.

AI 리터러시 역량 평가 도구 개발을 통해 AI에 대한 직원들의 인식을 바꾸다

에이블런

교육기업 에이블런은 국내 최초로 AI 리터러시 역량 평가도구를 개발해 기업 현장에 보급하고 있다. 단순 스킬이 아니라 태도·이해·활용 전반을 측정할 수 있도록 설계해, 직원들이 AI를 자기 성장의 기회로 받아들이도록 지원한다.

2026년 우리는 어디로 가야 하는가

2026년 한국 조직문화에서 'AI-Human Collaboration'은 단순히 사람을 대신하는 기술이 아니라, 서로의 강점을 보완하며 새로운 가치를 창출하는 협력적 관계를 의미한다. AI는 노동을 대체하기보다는 생산성을 높이고 단순 노동의 부담에서 근로자를 해방시키는 방향으로 논의가 확산되고 있다. 따라서 AI를 공포의 대상이 아닌 협업 도구로 인식하기 위해 몇 가지 전제조건이 필요하다.

• 역할의 재정의

AI 도입은 인간의 업무를 단순히 줄이는 것이 아니라, 문제 정의, 의사결정자, 창의적 설계자로서 인간의 새로운 역할을 강화하고 있다. 조직은 직무와 평가 방식을 재설계해 직원들이 'AI가 대신할 수 없는 가치'를 창출할 수 있도록 지원해야 한다. 이 과정에서 AI 코디네이터라는 새로운 직무가 주목된다. AI 코디네이터는 직원과 AI 사이의 가교로서, AI 리터러시 교육을 기획하고, 직무별 활용 시나리오를 제시하며, 현장에서 발생하는 불안을 경청하고 조율한다. 단순한 기술 지원을 넘어 AI-Human 협업의 촉진자이자 오케스트레이터Orchestrator의 역할을 수행하는 것이다. 이는 AI 시대에 인간이 맡을 수 있는 '새로운 가치 창출 역할'의 대표적인 사례라 할 수 있다.

• **신뢰 기반의 활용**

AI를 경쟁자가 아닌 동료로 인식하려면 투명한 원칙과 윤리적 가이드라인이 필요하다. AI의 활용 방식과 결과 검증 절차를 명확히 공유할 때, 구성원들은 불안 대신 신뢰 속에서 AI를 수용할 수 있다. 기업은 AI의 도입 목적과 혜택을 공개하고, 단순히 인건비 절감이 아니라 직원들이 더 가치 있는 일에 집중할 수 있도록 설계해야 한다.

• **보완적 파트너십**

AI는 방대한 데이터를 신속히 분석하고 반복적 과제를 처리하는 데 강점을 지닌다. 반면 인간은 맥락 이해, 공감, 창의성에서 우위에 있다. 따라서 핵심은 우열이 아니라 보완적 관계다. 기업은

AI가 잘할 수 있는 과업과 그렇지 않은 과업을 명확히 구분하고, 직무를 재설계해 사람과 AI가 함께 일하는 협업 체계를 구축해야 한다. 이 과정에서 기존 직무는 해체되고, 새로운 과업 중심의 워크플로가 정의되어야 한다.

- **지원 시스템 구축**

AI 도입 초기부터 근로자의 의견을 반영하고, 활용에 필요한 지원 체계를 제공해야 한다. 변화 관리가 중요하며, 저항감을 완화하기 위해 성공 사례를 발굴해 구성원과 공유하는 과정이 필요하다. 이를 통해 직원들은 AI를 위협이 아니라 기회의 도구로 받아들일 수 있다.

| 정리 |

2026년의 AI-Human Collaboration은 AI가 인간을 대체하는가의 문제가 아니라, AI와 인간이 어떻게 함께 일의 방식을 새롭게 정의할 것인가의 과제다. 이는 보완적 파트너십, 역할 재정의, 신뢰 기반 활용, 리더십의 오케스트레이션을 통해 구체화될 때, 조직 성과와 직원 몰입을 동시에 끌어올릴 수 있다. '생산성+몰입+창의력', 이 셋을 모두 잡는 것이 AI – 인간 협업의 진짜 가치다. 이제 2026

년 조직문화는 AI와 인간이 함께 시너지를 내는 협업문화가 표준이다. 조직이 두려움을 넘어 AI와의 공존을 설계할 때, 이는 지속 가능한 혁신의 동력이 될 것이다.

4
Rehumanization
조직에서 잃어버린 사람다움의 복원

2020년대 들어 AI를 포함한 디지털 전환 속도는 전문가들의 예측을 훨씬 상회하고 있다. 특히 전미경제연구국이 2024년 발표한 'The Rapid Adoption of Generative AI' 보고서는 생성형 AI의 채택이 과거 주요 기술의 확산 속도와 비교해도 유례없이 빠르다는 점을 보여준다. PC 보급 후 3년이 지나도 컴퓨터 사용 노동자는 소수에 불과했지만, ChatGPT 출시 2년 만에 절반 이상의 노동자가 생성형 AI를 활용하고 있다는 것이 단적인 예이다. 인터넷이나 모바일 도입 초기보다도 빠르게 확산되고 있으며 기술 확산의 역사적 추세를 단숨에 뛰어넘고 있음을 시사한다.

기술은 이제 기업의 전략과 운영을 압도하는 가장 강력한 변수로 자리 잡았다. 그러나 이 눈부신 속도의 이면에는 비인간화의 가속이라는 그림자가 있다. 업무의 자동화, 알고리즘 중심의 관리, 데이터로 환원된 관계는 직원들을 점점 '사람'이 아니라 '수치와 효율'로만 바라보게 만든다. 성과를 높이는 대신 몰입·창의성·의미와 같은 인간적 자산이 희생되는 것이다.

따라서 효율만으로는 설명되지 않는 '사람과 사람이 마주하는 경험의 힘'이 중요해진다. 이는 따뜻한 분위기를 만들자는 차원이 아니라, 기술 중심으로 기울어진 조직의 균형을 사람 중심으로 되돌리려는 흐름이다. 그러나 구성원의 맥락을 고려하지 않은 대면회의 확대나 유연근무제 폐지, 불필요한 회식의 부활과 같은 결정은 반발과 불신을 불러일으키며, 오히려 조직문화를 후퇴시키는 역효과만 낳는다. 필요한 것은 일시적 제도 조정이 아니라, 본질적인 조직문화 혁신이다.

일터는 단순히 일만 하는 공간인가, 사람으로 연결되는 공간인가?

공간의 벽이 사라진 시대에도 '동료와의 인간적인 연결'은 여전히, 아니 오히려 조직문화의 기본기가 되고 있다. 디지털 협업이 일상화될수록 관계의 중요성이 더욱 커지고 있다. 그러나 2022년 갤럽Gallup 조사에 따르면, 미국 직장인의 불과 20%만이 직장에서 '친한 친구'가 있다고 답했으며, 이는 팬데믹 이전보다 낮은 수치다. 이 결과는 단순한 친분의 문제가 아니라, 직무 몰입, 생산성, 조직 내 심리적 안전감, 이직률 등에 부정적인 영향을 끼친다는 점에서 의미가 크다. 반대로, 동료와의 친밀감은 조직에 긍정적인 영향을 가져온다. 국내 조사 결과, 직장인 86%가 '인간관계가 업무에 도움이 된다'고 답했고, 84.6%는 '좋은 관계가 유지되면 오래 근무할 수 있다'고 했다. 이는 직장 내 관계의 질이 곧 조직의 성과와 지속성에 직결된다는 사실을 보여준다.

재인간화Rehumanization의 부상

이런 흐름 속에서 주목받는 개념이 바로 Rehumanization(재인간화)다. 이는 기술 중심으로 기울어진 무게추를 사람 중심으로 되돌리려는 시도다. 다시 말해, 일터를 효율의 공간을 넘어 '사람이 살아 숨 쉬는 공간'으로 복원하는 것이다. 즉 우리 조직의 잃어버린 사람다움의 복원이다. 기술이 가속할수록 조직은 더 의도적으로

'재인간화'의 과정을 설계해야 한다. 인간을 다시 중심에 두고, 기술을 인간의 존엄·관계·가치를 증폭하는 도구로 전환하는 것, 바로 그것이 초고속 AI 시대를 지속 가능한 혁신으로 이끄는 열쇠다.

인간다움의 회복, 무엇이 달라지고 있을까?

사람 중심 조직문화를 위해 가장 시급한 변화는 관계와 연결의 회복이다. 원격근무와 디지털화는 효율을 높였지만, 동료 간 관계를 약화시키는 부작용을 낳았다. 이를 극복하기 위해 나온 대안으로 순한 회식이나 이벤트는 일시적인 효과에 그치기 쉽다. 일상 속에서 자연스럽게 신뢰를 회복할 수 있는 장치가 필요하다. 예를 들어, 세대와 직급을 잇는 일대일 멘토링 제도, 심리적 안전감을 주는 정기적인 대화 세션, 부서 간 경계를 허무는 크로스팀 프로젝트 같은 프로그램은 직원들에게 혼자가 아니라는 감각을 되찾아준다. 이는 곧 몰입과 협력의 기반이 된다.

두 번째 변화는 리더십의 전환이다. 여전히 많은 조직에서 리더는 지시와 통제를 통해 성과를 관리하는 역할로 이해된다. 그러나 사람 중심 조직에서는 리더가 단순한 관리자가 아니라 코치이자 촉진자facilitator로 자리 잡아야 한다. 리더는 직원들의 성장을 지원하는 경험 설계자이자, 조직의 목적과 의미를 이야기하는 스토리텔러가 되어야 한다. '왜 이 일을 하는가, 우리의 선택이 누구에게 어떤 가치를 주는가'를 설명하는 리더십이 있을 때, 직원들은 자신이 존중받고 있다는 감각을 얻는다.

마지막으로 중요한 것은 제도의 사람 중심화다. 복지와 보상이 혜택으로 제공되는 차원에 머문다면 직원들이 느끼는 체감은 약하다. 이제는 직원 개개인의 삶의 질과 성장 경험을 뒷받침하는 방향으로 제도가 설계되어야 한다. 예컨대, 개인의 상황에 맞춘 맞춤형 웰빙 프로그램, 자기주도적 학습과 커리어 개발을 지원하는 교육 및 성장 플랫폼, 충분한 휴식을 보장하는 리프레시 제도 등이 있다. 실제로 일부 기업들은 주택 자금 지원, 사내 상담 프로그램, 유연한 휴가 제도를 통해 직원들이 '회사가 나를 단순한 노동력이 아니라 한 사람으로 존중한다'는 경험을 할 수 있도록 돕고 있다.

결국 관계와 연결, 리더십, 제도라는 세 축의 변화가 맞물릴 때, 조직은 단순히 효율만을 추구하는 공간을 넘어 사람이 머무르고 싶고 함께 성장하고 싶은 공간으로 자리매김할 수 있다.

재인간화, 현장에서 입증되다

디지털 디톡스를 통해 사람다움을 회복하다: 버진그룹

버진그룹은 영국과 미국 지사의 일부 직원들을 대상으로 매주 수요일 오전 2시간 동안 이메일과 전자기기 사용을 중단하는 '디지털 디톡스'를 시행했다. 이 시간 동안 직원들은 동료와 자유롭게 대화하거나 소규모 활동에 참여하며, 디지털 알림에서 벗어나 사람 중심의 소통을 경험했다. 그 결과, 직원들 사이 커뮤니케이션이 증가하고, 이메일과 알림inbox으로부터 멀어짐으로써 디지털 피로감email fatigue 완화되어 집중력이 높아졌으며, 동료와의 관계 및 직원 만족도 역시 긍정적으로 개선되었다. 이는 기술 의존도가 높은 환경에서도 의도적으로 '사람다움'을 회복하는 장치가 필요함을 보여주는 대표적 사례다.

유연한 협업문화를 위한 근무제도를 재설계하다: 네이버

네이버는 2025년 7월, 기존 재택근무 제도를 일방적으로 폐지

하지 않고 '커넥티드 워크 2026^{Connected Work 2026}'이라는 새로운 근무 제도를 발표했다. 핵심은 '코워크데이^{Co-Work Day}' 강화다. 기존 월 2회였던 팀 단위 필수 출근일을 월 4회(주 1회 권장)로 늘리고, 오피스 근무 인정 시간도 하루 4시간에서 6시간으로 확대했다. 다만 임신기 단축근무 등 개인 상황을 고려해 유연하게 운영할 수 있도록 했다. 네이버는 이 제도의 취지를 "더 밀접하고 적극적인 협업문화가 필요해졌다"라고 설명하며, 단순히 효율을 위한 출근이 아니라 팀 단위 협업과 소속감 회복을 제도화한 것이라고 강조했다. 출근을 강제하기보다 협업의 질을 높이는 방식으로 사람 중심의 근무문화를 설계한 것이다.

2026년 우리는 어디로 가야 하는가

2026년 한국 조직문화에서 Rehumanization(재인간화)은 사람을 배려하는 따뜻한 분위기를 만드는 차원이 아니다. 디지털과 AI 중심으로 기울어진 일터를 다시 인간 중심으로 균형 잡는 문화적 복원을 뜻한다.

• 공감적 리더십과 리더의 감성지능

세대 이해를 위해 억지로 배려하라는 이야기가 아니다. 오히려 관리자 스스로 사람을 효율의 수단으로만 보지 않고, 일과 관계의 균형을 설계하는 역할로 전환해야 한다. 리더는 '감시자'가 아니라, 구성원이 사람답게 일할 수 있는 환경을 만드는 균형 설계자가 되어야 한다. 이 과정에서 필요한 것이 바로 공감적 리더십과 감성지능EI이다. 특히 AI 기술이 심화될수록 역설적으로 인간 고유의 역량인 EI의 중요성이 더욱 부각되고 있다. 이는 새로운 시대의 조직문화를 긍정적으로 이끌어가는 중요한 흐름이라 할 수 있다.

• 협업과 연결 문화의 회복

원격근무와 디지털 협업 툴은 효율을 높였지만, 관계의 밀도와 인간적 연결은 약화되었다. 이제는 직접 만나 교류하고 협력할 수 있는 장치를 통해 관계를 복원해야 한다. 작은 안부, 짧은 대화, 동료의 노고를 인정하는 태도는 단순한 성과 지표보다 더 큰 의미를 만든다. 이는 곧 사람과 사람이 함께 성과를 만들어가는 경험을 되살리는 길이기도 하다.

• 소프트 스킬 Soft Skills과 메타스킬 Meta-Skill의 재발견

AI가 데이터 분석과 반복 업무를 대신하는 시대일수록, 커뮤니케이션·비판적 사고·공감 같은 인간적 역량은 더욱 중요해진다. 하버드비즈니스스쿨[HBS] 연구에 따르면 하드 스킬보다 소프트 스킬이 조직 성과와 몰입에 미치는 영향이 AI 시대에 오히려 더 커지고 있다. 특히 특정 도구나 플랫폼에 종속되지 않고 상황 전반에 적용할 수 있는 메타스킬은 AI 시대의 필수 생존 능력으로 꼽힌다. 예컨대 문제를 올바르게 정의하는 인식력, 해법을 설계하는 판단력, 불확실한 상황에서도 방향을 설정하는 실행력이 그것이다.

실제 현장에서도 메타스킬의 가치는 분명하다. 사용자 피드백을 정제해 제품 우선순위를 조정한 신입 개발자, 제한된 자원 속에서 실행 가능한 프로토타입을 만든 기획자, 이해관계자 간 갈등을 조율하며 협업을 이끈 팀장은 모두 메타스킬을 발휘한 사례다. 조직은 이처럼 메타스킬을 보유한 직원을 핵심 인재로 인정하고, 구성원들이 이러한 역량을 갖출 수 있도록 적극적으로 지원해야 한다.

| 정리 |

2026년의 Rehumanization은 기술은 발전했지만, 사람은 소외되었다는 역설을 넘어서는 시도다. '관리자의 역할+협업과 연결+인간

적 역량'을 다시 세울 때, 조직은 단순한 효율을 넘어 사람이 머무르고 싶어 하는 공간으로 거듭날 수 있다.

5
Knowledge Gap
XYZ세대 공존, 지식 격차를 넘어서

지금 한국 조직은 세대의 지각 변동 한가운데 있다. 회의실에는 X세대 경영진, 조직의 허리를 이루는 Y세대 팀장, 이제 막 사회에 진입한 Z세대 신입사원이 함께 존재한다. 경험과 안정성을 대표하던 조직을 리드하고, 혁신과 속도를 중시하는 세대가 중심에 서며, 여기에 디지털 원주민 세대가 합류하면서 기업은 어느 때보다 다층적인 세대 공존의 현장을 맞이하고 있다.

문제는 이 과정에서 드러나는 세대 간의 간극이다. 경험, 언어, 기대치가 달라지면서 조직문화에 균열이 생기고 있다. 하루에도 수차례 팀 전체를 불러 대면 보고를 요구하는 임원의 방식은 Z세대에게 낡고 비효율적으로 보인다. 반대로 같은 사무실에서 메시지로만 소통하고, 카카오톡으로 보고서를 보내는 Z세대의 방식은 기성세대의 눈에 낯설고 불편하다. 세대 간 지식과 기대의 간극은 단순한 의견 차이나 업무 스타일의 문제가 아니다. 이는 조직의 신뢰와 몰입, 나아가 지속 가능성을 좌우하는 구조적 요인이다.

데이터도 같은 신호를 보여준다. 세계경제포럼^{WEF}은 'Future of Jobs 2025'를 통해 기술 전환이 빨라질수록 세대별 디지털 적응 속도 차이가 기업 경쟁력에 직접적인 영향을 줄 것이라 경고했다. PwC가 발표한 'NextGen Workforce Survey 2024'에서는 차세대 리더의 70% 이상이 조직 의사결정에 더 많은 참여를 원한다고 답했지만, 경영진은 이를 '조급하다'고 보는 등 신뢰의 간극이 존재함을 지적했다. 국내 조사에서도 직장인 63.9%가 세대 차이를 경험했고, 84%는 우리 사회의 세대 갈등을 '심각하다'고 인식했다.

오늘날 한국 기업은 지식과 기대의 간극$^{Knowledge\ Gap}$을 조직문화라는 무대 위에서 마주하고 있다. 이 간극을 메우지 못하면 세대 공존은 갈등의 씨앗이 될 수 있다.

조직은 세대 간 간극을 방치할 것인가, 다리를 놓을 것인가?

예전에는 신입사원이 회사에 들어오면 A부터 Z까지 모든 것을 사수라 불리는 선배에게 배웠다. 선배를 통해 일머리를 익히고, 회식 자리에서 조직의 규율을 배우는 것이 일종의 공식 입문 과정이었다. 하지만 지금의 젊은 직원들은 다르다. 모르는 것이 생기거나 어려움을 겪을 때 가장 먼저 묻는 대상은 선배가 아니라, 생성형 AI다. 그런데 여기서 중요한 질문이 있다. "AI가 말하는 답이 정말 완벽한가?"

정답은 아니다. AI는 방대한 데이터를 바탕으로 답을 주지만, 맥락과 경험이 필요한 순간에는 여전히 한계를 드러낸다. 바로 이 지점에서 주니어와 시니어의 차이가 드러난다. 젊은 세대는 디지털 활용과 정보 접근에 탁월하고, 기성 세대는 시행착오 속에서 축적한 경험과 현장 감각을 가지고 있다. 결국 이 두 축이 만나야 조직은 균형을 잡을 수 있다.

지식 격차 Knowledge Gap 극복의 부상

따라서 2026년 한국 기업문화가 나아가야 할 길은 분명하다. 단순히 세대 차이를 인정하는 데서 멈추는 것이 아니라, 이를 협력과 학습의 자산으로 전환하는 것이다. 'Knowledge Gap'은 단순한 세대 갈등이 아니라, 조직문화의 방향성과 성과를 좌우하는 핵심 요인이다. 조직이 이 간극을 다리 놓기와 학습의 기회로 삼는다면, 세대 교체의 파고를 넘어 한층 더 단단하고 유연한 문화로 거듭날 수 있다.

새로운 다리 놓기, 어떻게 진행될 수 있을까?

한국 기업들도 세대 교체가 남긴 간극을 단순한 갈등 요인이 아니라 조직을 재설계할 기회로 바라보며 다양한 노력을 기울이고 있다.

첫째, 교차 멘토링 플랫폼의 구축이다. 기성세대는 위기관리·조직 내 네트워크·산업 지식에 강점이 있고, 젊은 세대는 AI·데이터·디지털 툴 활용 능력에서 압도적 우위를 가진다. 이 차이가 협력으로 이어지지 않으면, 조직은 두 개의 평행선처럼 따로 움직일 수밖에 없다. 교차 멘토링과 지식교류 프로그램은 세대 간 지식 격차를 메우고, 동시에 조직의 가치와 개인의 성장을 연결하는 지속가능한 다리가 되고 있다.

둘째, 경영진 중심의 단방향 의사결정에서 벗어나, 밀레니얼과 Z세대가 의견을 제시할 수 있는 공식 창구를 제도화하고 있다. 이를 통해 젊은 세대는 조급하다는 낙인이 아니라, 실제 성과와 혁신으로 역량을 증명할 무대를 얻는다. 이는 세대 간 신뢰를 회복하는 중요한 계기가 된다.

셋째, 기존의 차별적 고정관념을 극복하는 의식적 변화도 함께 이뤄지고 있다. 세대를 단점 중심으로 바라볼 경우, '요즘 애들은…', '꼰대'라는 상호 낙인이 쉽게 생긴다. 반대로 각 세대의 장점에 주목해 근로 환경을 설계하면, 세대 간 차이는 시너지를 낳는 자원이 된다. 중요한 것은 나도 틀릴 수 있다는 전환적 태도다. 세대 간 차이보다 개인 간 차이가 더 클 수 있음을 인정할 때, 조직은 더 유연하고 포용적인 집단으로 성장할 수 있다.

이처럼 한국 기업들은 세대 간 지식 격차를 방치하지 않고, 멘토링·협업·의식적 전환을 통해 조직의 균열을 기회로 바꾸고 있다. 이는 단순히 갈등 완화 차원을 넘어, 세대별 강점을 모아 집단지성 collective intelligence 으로 발전시키려는 실험이다. 결국 세대 간 다리 놓기는 갈등 관리가 아니라 새로운 경쟁력을 창출하는 전략인 셈이다.

Knowledge Gap 극복, 현장에서 입증되다

세대와 경험을 잇는 지식 교류의 장을 만들다

HD현대

HD현대는 2023년 말부터 매월 1~2회 임직원들이 자발적으로 참여하는 '꿀팁 공유회'를 운영하고 있다. 특징은 외부 강사가 아닌 내부 직원이 직접 강연자가 된다는 점이다. 한 달에 한 번 퇴근 시간 무렵이면, 적게는 50명에서 많게는 200명의 직원이 자리에 모여 생활 속 노하우와 업무 팁을 나눈다. 공유 주제는 업무 효율을 높이는 엑셀 활용법부터 항공권 저렴하게 예매하는 방법, 메이크업 노하우, 여행 스페인어 회화까지 다양하다. 단순히 업무 기술이 아니라 삶의 지혜와 개성을 나누는 자리로 확장된 것이다. 직원들 사이에서는 "칼퇴? 회사에 남아 꿀팁부터 챙겨야죠"라는 농담이 나올 정도로 반응이 뜨겁다.

참여 신청은 사내 앱을 통해 선착순으로 이뤄지는데, 보통 반나절도 안 돼 마감될 만큼 인기가 높다. 인기 있는 주제는 추가 회차를 열거나 라이브 방송으로까지 이어진다. 이러한 소통의 장은 임직원 간 장벽을 허물고, 서로의 경험을 공유하면서 자연스럽게 신뢰와 존중 문화를 강화하는 계기가 되고 있다. HD현대는 이를 통해 단순한 사내 친목을 넘어, '함께 성장하는 문화'를 체계적으로 정착시키고 있다. 실제로 회사는 꿀팁 공유회를 핵심가치인 '서로에 대한 존중'을 실현하는 대표적 플랫폼으로 보고 있으며, 앞으로도 확대 운영할 계획이다.

LG유플러스

LG유플러스는 신입사원이 임원들을 대상으로 MZ세대 트렌드, 라이프스타일 등 실질적 정보와 경험을 전하는 리버스 멘토링을 도입했다. 멘토십 주제 설정부터 시간과 장소까지 젊은 세대가 주도하도록 해 조직 내 수평적 문화 확산을 꾀했다.

한국동서발전

한국동서발전은 2021년부터 리버스 멘토링 프로그램을 운영 중이다. 1980~2000년대생 직원들이 경영진을 대상으로 젊은 세대의 지식 공유를 통한 멘토 역할을 수행하며, 카페나 외부 공간에서 자유롭게 주제와 형식까지 직접 정해 대화하는 방식으로 진행된다. 이 과정을 통해 경영진과 젊은 세대 간 심리적 거리 감소와 조직문화 이해 증대라는 효과가 나타났다.

세대 간 협업으로 혁신을 이루어 내다: 3M

3M은 주니어 직원들에게는 창의성을 마음껏 발휘할 수 있는 자유를 보장하고, 시니어 직원들에게는 그들의 풍부한 경험을 바탕으로 문제를 효과적으로 해결할 수 있는 환경, 즉 기업문화를 조성하고 있다. 이러한 문화 속에서 주니어들은 끊임없이 새로운 아이디어를 제시하고, 시니어들은 이를 현실적으로 구현하며 세대 간 유기적인 협업 체계를 만들어낸다. 세대 간 협업은 단순히 아이디어를 주고받는 차원을 넘어선다. 각 세대가 지닌 강점을 최대한 발휘함으로써 미래를 준비하는 데 기여하는 것이 바로 그 진정한 가치다. 이런 협업이야 말로 기업의 경쟁력을 강화하고 지속적인 혁신을 이끄는 원동력이 된다.

2026년 우리는 어디로 가야 하는가

2026년 한국 조직문화에서 지식 격차는 세대 갈등 문제가 아니라, 조직의 학습력·의사결정 구조·혁신 역량을 좌우하는 핵심 변수다. 따라서 갈등을 완화하는 차원을 넘어 세대의 강점을 연결해 새로운 경쟁력으로 전환하는 전략적 접근이 필요하다.

• 세대 간 언어의 다리 놓기

세대마다 사용하는 언어와 소통 방식이 다르다. X세대는 대면 보고를, Y세대는 이메일·전화, Z세대는 메신저와 이모티콘을 선호한다. 이 차이를 좁히기 위해 상호 멘토링, 대화 워크숍, 오픈 제안 시스템 등을 통해 서로의 시각을 직접 경험할 기회를 넓혀야 한다.

• 세대 교차형 리더십

프로젝트 리더십을 단일 세대가 독점하지 않고, 기성세대의 안정성과 위기 대응 경험, 밀레니얼·Z세대의 혁신과 속도를 결합하는 혼합형 리더십을 구성해야 한다. 관리자가 아닌 문화 설계자로서 다층적인 팀을 운영하는 리더의 역할 전환이 필요하다.

- **양방향 학습 조직**

단방향 교육으로는 세대 간 지식 격차를 해소할 수 없다. AI·디지털 툴 활용 지식은 젊은 세대가, 산업 지식·네트워크·위기관리 경험은 기성세대가 공유하는 구조화된 학습 플랫폼이 필요하다.

- **제도적 신뢰 기반**

젊은 세대는 의사결정 과정에서 배제될 때 가장 크게 이탈한다. 따라서 차세대 리더가 참여할 수 있는 교차 거버넌스 제도를 마련해야 한다. 이는 단순한 '자리 나눔'이 아니라, 공정성^{Equity}의 연장선에 있다. 세대별 역량과 기여를 제도적으로 인정하는 구조가 뒷받침될 때 신뢰는 강화된다.

| 정리 |

Knowledge Gap은 더 이상 피할 수 없는 현실이자 조직문화의 시험대다. 2026년 이후 한국 조직문화는 세대를 연결하는 문화, 즉 경험과 혁신이 자연스럽게 만나는 다세대 협업 조직으로 진화해야 한다. 이는 곧 Rehumanization에서 말한 인간적 연결을 회복하는 길이기도 하며, AI 전환의 시대에 필요한 집단지성을 키우는 기반이기도 하다. '제도적 변화+리더십 역할 전환+구성원의 마인드'가 함께 바뀔 때 세대 간 차이는 갈등의 씨앗이 아니라, 새로운 학습과 시너지를 만드는 자원이 될 수 있다.

6
Life-Work Integration
일과 삶, 경계를 허물다

과거 한국의 직장은 주 6일, 장시간 근로가 당연했고 밤샘·철야가 일상이었다. 몰입은 선택이 아니라 생활이었고, 그래서 일과 삶의 경계를 명확히 하고, 퇴근 후 리프레시가 핵심 해법이 될 수 있었다. 하지만 지금은 다르다. 디지털 기기의 발달, 여기에 코로나19 이후 늘어난 유연 근무 방식으로 일과 삶의 경계가 허물어지고 있다. 근무시간 역시 과거에 비해 짧아졌고, 장시간 근로보다는 효율성이 더욱 중요해졌다. 사회·제도 환경도 이를 뒷받침한다. 2025년 이재명 정부가 주 4.5일제와 워케이션을 국정 과제로 언급한 것은 근무 방식의 구조적 전환을 예고한다는 뜻이다. 그러나 이 흐름은 시간을 줄이는 것만으로는 성과가 나오지 않음을 전제한다. 시간을 바꾸려면, 일 자체의 설계를 먼저 바꿔야 한다. 그렇지 않으면 짧아진 근무 시간은 곧바로 성과 압박으로 되돌아와 번아웃을 키운다.

변화한 시대, 어떻게 몰입과 집중을 설계할 것인가?

구성원들의 삶의 패턴과 추구하는 가치가 달라지고 있다. 2024년 가트너Gartner의 보고서 'Future of Work Reinvented'는 직원들이 "일이 삶을 풍요롭게 하고, 삶이 일에 의미를 주는 통합적 경험"을 갈망한다고 보고했다. HBR(2024) 보고서 'Beyond Work-Life Balance' 역시 "핵심은 균형이 아니라 통합이며, 직원의 가치와 조직의 목적이 연결될 때 몰입도가 가장 높아진다"고 강조한다. 이제는 일과 삶의 철저한 선 긋기보다 조화와 융합을 추구하는 흐름이 부상하고 있다. 일과 삶이 맞닿아 서로를 풍요롭게 만드는 '워라블Work-Life Blending' 개념이 등장한 것이다.

업무와 일상의 균형을 억지로 나누는 대신, 두 영역이 자연스럽게 섞이고 조화를 이루는 과정에서 개개인의 삶은 만족도가 높아지고, 이는 곧 기업과 개인 모두의 시너지를 이끌어 낼 수 있는 힘이 된다. 아마존 창업자 제프 베이조스 역시 한 인터뷰에서 일과 삶은 사실상 하나의 '원Circle'이라고 표현했다.

삶과 일의 융합Life-Work Integration의 부상

이처럼 "일이 더 중요해? 아니면 삶이 더 중요해?"라는 질문은 마치 "엄마가 좋아? 아빠가 좋아?"라는 질문만큼이나 넌센스다. 삶의 큰 부분을 차지하는 일이 불행하다면, 삶 전체가 행복할 수 있을까? 결국 삶과 일을 융합한다는 것은 단순한 분리를 뜻하는 게 아니다. 일은 더 즐겁게, 휴식은 더 생산적으로 만드는 새로운 균형을 의미한다. 일상의 모든 순간에서 일과 자기 계발, 취미 등이 자연스럽게 어우러지는 것이다. 예를 들어, 퇴근 후에도 업무에 관련된 영감을 얻거나, 취미를 일로 연결하는 등 일과 삶이 유기적으로 연결을 이룬다. 이처럼 일과 삶의 경계를 허물고, 일에서 행복과 성장을 추구하는 방식이 결국 개인과 조직의 몰입과 성장을 이끈다.

이제는 우리는 단순한 워라밸을 넘어 워라블Work&Life Blending, 워라하Work&Life Harmony로 불리는 새로운 Life-Work Integration의 시대를 맞이하고 있다. 이 변화는 단순한 유행이 아니다. 세대적·시대적 전환이 촉발한 구조적 흐름이다.

첫째, 디지털 네이티브 세대의 가치관 변화다. MZ세대는 스마트폰과 함께 성장하며, 여러 일을 동시에 처리하는 멀티태스킹에 익숙하다. 온라인 회의를 하면서도 필요한 자료를 검색하고, 메신저로 동료와 의견을 나누는 것이 자연스럽다. 이들에게 몰입이란 하나에만 집중하는 것이 아니라, 일과 삶을 유연하게 오가며 더 좋은 성과를 만들어내는 것이다. 따라서 고정된 사무실보다 공유 오피스, 카페, 집 등 다양한 공간에서 성과를 내고자 한다.

둘째, 일하는 방식의 구조적 변화다. 팬데믹을 거치며 재택근무와 원격 협업을 경험한 직원들은 언제·어디서·어떻게 일할지를 스스로 결정할 수 있다는 감각을 얻었다. 시간과 공간의 제약이 사라지자, 출퇴근으로 구분되던 경계도 희미해졌다. 하루 일과 안에서 업무와 생활이 자연스럽게 뒤섞이는 것이 새로운 일상의 기본값이 되었다.

셋째, 라이프스타일의 전환이다. 최근 워케이션Work+Vacation처럼 일과 여가를 결합하는 방식이 확산되고 있다. 일부 기업은 해외 지사나 지역 거점 오피스를 개방해 직원이 도심을 벗어나 자연이나 새로운 도시에서 일과 휴식을 함께 경험하도록 지원한다. 이는 단순한 복지가 아니라, 일과 삶을 하나의 통합적 경험으로 설계하는 흐름을 보여준다.

Life-Work Integration, 현장에서 입증되다

근무 유연성과 취미 기반 문화를 융합한 '덕업일치' 문화를 강화시키다: 카카오

카카오는 하이브리드 근무제와 사내 동호회 지원을 결합해, 직원들이 업무와 취향을 자연스럽게 연결할 수 있는 문화를 만들어 가고 있다. 단순히 어디서 일할지를 선택하는 유연성을 넘어, 회사 안에서도 자신이 좋아하는 활동을 지속할 수 있다는 경험을 제공하는 것이다. 예를 들어, 취미 기반 동호회나 창작 활동에 참여하는 직원들은 '회사에서 덕질을 키울 수 있다'는 감각을 체감하며, 일과 삶이 서로 분리된 것이 아니라 하나의 흐름 안에서 어우러질 수 있음을 경험한다. 이는 단순 복지 차원을 넘어, Life-Work Integration을 실질적으로 구현하는 문화적 장치라 할 수 있다.

반반차 제도 도입으로 유연한 일과 삶 조율을 지원하다
: 세아상역&토마스

한국 기업들 가운데서는 반반차 제도를 도입해 직원들이 보다 유연하게 일과 삶을 조율할 수 있도록 지원하는 움직임이 확산되고 있다. 세아상역은 2023년부터 반반차를 도입하여 육아, 자기계발, 개인 사정에 따라 직원들이 필요한 시간만큼만 휴가를 쓰도록 지원하고 있다. 이러한 변화는 직원들로부터 높은 호응을 얻으며 실제 근무 몰입에도 긍정적 효과를 주고 있다. 또 다른 기업인 토마스는 유연근무 정책의 일환으로 반반차를 운영하면서, 별도의 복잡한 결재 절차 없이 직원이 직접 사용을 공지할 수 있게 했다. 더 나아가 매주 수요일을 '패밀리데이'로 지정해 정시 퇴근을 보장하는 등 일과 삶의 조화를 적극적으로 뒷받침하고 있다.

반반차 제도는 단순히 연차 제도의 변형이 아니라, 일하는 시간과 개인의 삶이 서로를 침범하지 않고 자연스럽게 공존할 수 있도록 돕는 제도적 장치로 자리 잡아가고 있다. 이는 한국 기업들이 Life-Work Integration을 구체적으로 실천하는 하나의 방식이자, 세대와 시대의 요구에 맞춘 조직문화의 중요한 전환이라 할 수 있다.

2026년 우리는 어디로 가야 하는가

2026년 한국 조직문화에서 Life-Work Integration은 단순히 근무 유연성이나 복지 제도를 뜻하지 않는다. 그것은 일과 삶이 서로를 침범하지 않고, 동시에 서로를 풍요롭게 만드는 경험을 조직 차원에서 설계하는 것을 의미한다.

- **기업의 워크 축**

기업은 언제나 일을 먼저 둔다. '일학습병행'이든 '워라밸'이든, 일(work)이 앞에 오는 이유는 성과 없는 균형은 존재할 수 없기 때문이다. AI 도입 역시 성과와 효율을 높이기 위한 선택이다. 따라서 기업은 '열심히'가 아니라 '효율적으로, 몰입해서' 일할 수 있는 구조를 만들어야 한다.

- **직원의 라이프 축**

반면 직원들은 '1인분(내 몫)'은 반드시 해내지만, 그 이상을 강요당하길 원하지 않는다. 그래서 번아웃을 막기 위한 장치—반반차, 워케이션, 사내 취미 활동—를 필요로 한다. 이는 단순한 복지가 아니라 회복과 리프레시를 통해 성과로 돌아오는 회로다. 또한 덕업일치가 아니더라도, 취향과 리프레시 경험은 결과적으로 몰입과 성과를 강화한다.

• 삶과 일의 융합

결국 일과 삶은 대립이 아니라 순환이다. 기업은 몰입과 성과를 설계하고, 직원은 회복과 리프레시를 통해 다시 성과에 기여한다. 여기서 핵심은 직원의 '자율성'이다. 직원 스스로 통제권을 갖고 주체적으로 자유롭게 일할 수 있는 환경에 있을 때 성취감도 높아지고 번아웃은 줄어든다.

| 정리 |

2026년 Life-Work Integration은 성과 중심의 워크 축+회복 중심의 라이프 축을 균형 있게 재설계하는 과정이다. 이는 단순히 근무 시간을 줄이거나 복지를 늘리는 차원이 아니다. 이는 조직과 개인이 함께 몰입·성과·회복을 설계하여, 일과 삶이 서로를 소모시키는 관계가 아니라 서로를 살리는 선순환 구조로 전환하는 전략이다.

7
Empowered Belonging
주인의식 이후, 소속감의 시대

"주인의식을 갖고 일해라", "회사를 내 집처럼 생각하라", "네가 곧 회사다"라는 구호는 1990~2000년대 조직문화의 상징이었다. 그러나 이제 이 표현은 직원들의 마음을 움직이지 못한다. 오히려 MZ세대에게는 희생과 충성을 강요하는 낡은 언어로 들릴 뿐이다. "나는 회사의 주인이 될 수 없는데 왜 주인의식을 강요해?"라는 반문만 돌아온다.

주인의식이라는 말 자체가 잘못된 것은 아니다. 그 안에 담겨 있던 진짜 의미는 "회사의 성장을 내 일처럼 책임지고 몰입하라"는 것이었다. 조직이 원한 것도 무책임한 방관자가 아니라, 스스로 주도적으로 일하는 사람이었다. 하지만 오늘날 직원들이 바라는 것은 더 이상 말로 외치는 무거운 주인의식이 아니다. 이 팀의 일부라는 안정된 감각, 내 목소리가 존중되고 반영된다는 실제 경험이다.

"나는 이 팀의 일부이긴 한데, 정말 내 목소리가 존중받고 있을까?"

바로 이 질문에서 오늘날 조직문화의 과제가 드러난다. Z세대가 조직에 소속되기를 꺼린다는 것은 편견에 불과하다. Z세대 트렌드 전문 미디어 '캐릿'의 조사 결과, Z세대의 93%는 업무에서 소속감을 느끼는 것이 중요하며, 소속감이 업무 동기와 몰입의 원천이라고 응답했다. 이는 '내가 회사의 주인이다'라는 과도한 동일시가 아니다. 대신 '나는 이곳에서 중요한 역할을 하고 있고, 나의 존재가 팀과 조직에 의미가 있다'는 자각이다. 다시 말해, 소속감은 수동적으로 주어지는 것이 아니라, 스스로 선택하고 목소리를 내며, 조직과의 상호작용 속에서 강화되는 경험이다.

주체적 소속감 Empowered Belonging의 부상

이제는 단순히 조직의 일원으로 '포함되었다 Inclusion'는 감각만으로는 부족하다. 직원들이 진정으로 몰입하기 위해서는 "내가 이 조직의 중요한 주체다"라는 확신, 즉 Empowered Belonging(주체적 소속감)이 필요하다.

최근 DEI Diversity, Equity, Inclusion에 Belonging을 더한 DEIB 개념이 확산되는 것도 같은 맥락이다. 이제 소속감은 단순한 결과물이 아니라, 조직 경쟁력을 좌우하는 핵심 축으로 부상하고 있다. 이를 보여주는 대표적 연구가 하버드비즈니스리뷰 HBR의 「The Value of Belonging at Work」(2019)다. 보고서에 따르면, 소속감을 강하게 느끼는 직원은 업무 성과가 56% 향상되고, 이직 위험은 50% 줄며, 병가 사용은 75% 감소한다. 단순한 정서적 안정이 아니라, 소속감이 곧 성과와 직결되는 전략적 자산임을 보여주는 데이터다. 이어 HBR의 최근 보고서 「The Power of Belonging」(2024) 역시 소속감이 직원 몰입도와 성과를 높이고, 이직 의도와 소외감을 줄이는 효과를 다시 한번 입증했다.

소속감을 느끼는 순간은 단순히 같은 로고를 달았을 때가 아니다. '나다운 나로 일해도 괜찮은가?'라는 질문에 '그렇다'라는 확신을 얻을 때, 진짜 소속감이 형성된다. 내 존재가 존중받고, 의견이 반영되며, 다양성이 가치로 인정받을 때 직원들은 조직의 일부로 머무는 것이 아니라, 주체적 구성원으로 성장한다. 따라서 DEI를 선언하는 것만으로는 부족하다. 이제는 구성원들이 Empowered Belonging—즉, 스스로 목소리를 내고 존중받는 경험—을 통해 진정한 몰입을 체감하도록 만들어야 한다.

소속감의 시대, 무엇이 달라지고 있을까?

첫째, 포용에서 주체성으로의 전환이다. 과거 DEI가 누군가를 '받아준다Inclusion'는 수동적 의미였다면, 이제는 구성원 스스로 목소리를 내고 조직에 영향을 미칠 수 있는 Empowered Belonging(주체적 소속감)으로 진화하고 있다. 기업은 단순히 다양성을 수용하는 차원을 넘어, 직원이 '내가 이 조직의 중요한 주체'라는 확신을 가질 수 있도록 제도와 문화를 설계해야 한다.

둘째, 세대와 다양성의 교차다. 특히 Z세대는 일터에서 자신의 가치와 정체성이 존중받지 못하면 오래 머물지 않는다. PwC의 NextGen Workforce Survey(2024)에 따르면, Z세대 직원 중 70%는 "소속감이 없으면 2년 안에 이직할 것"이라고 답했다. 이는 더 이상 보상이나 복지로만 젊은 세대를 붙잡을 수 없음을 의미한다. 조직이 개인의 정체성과 목소리를 존중하지 않는다면, Z세대는 과감히 이직을 선택한다. 반대로 자신의 가치와 일이 연결되는 경험을 할 때, Z세대는 이전 세대보다 훨씬 강한 몰입을 보인다.

주체적 소속감, 현장에서 입증되다

신뢰와 자율을 기반으로 한 소속감 강화를 이끌다: DuPont Korea

듀폰 코리아는 2024년 'Great Place to Work®' 인증을 받으며, 특히 존중^{Respect} 89%, 안전^{Safety} 88%, 자율^{Autonomy} 83%라는 높은 평가를 받았다. 가족 친화 정책, 유연근무, 부서 간 협의체와 직급을 넘어선 직원 커뮤니티 활동 등은 직원들이 회사의 주체로서 신뢰와 참여를 경험하게 하는 조직문화 설계의 대표적 사례이다.

함께 배우며 성장하는 과정을 통해 소속감을 강화시키다: 3M

3M은 신입 직원을 위한 'NEON$^{New\ Employee\ Opportunity\ Network}$' 제도를 운영한다. 입사 5년 차 이내 직원과 경력 입사자들이 모여 실

무 노하우 공유, 멘토링, 강연 등 다양한 활동을 통해 관계를 맺는다. 이들은 자발적으로 사내 문제를 함께 고민하고 해결하는 프로젝트도 진행한다.

2026년, 우리는 어디로 가야하는가

많은 기업들이 젊은 직원들의 마음을 사로잡기 위해 복리후생 제공에만 열을 올리고 있지만, 그런 물질적인 요소만으로는 결핍된 본질적 욕구인 소속감을 채워 주기에는 한계가 있다. 2026년 DEIB(다양성, 형평성, 포용성, 소속감)에서 소속감을 높이려면, 조직 내에서 심리적 안전감과 포용적 문화를 구축하고 구성원의 참여를 실질적으로 유도하는 실행 구조를 만들어야 한다는 것이 핵심이다.

• 존중의 이중 구조 설계

조직에서의 존중은 두 가지 축으로 나뉜다. 당위적 존중은 직급·성과와 무관하게 모든 사람이 마땅히 받아야 할 기본적 존중이고, 획득적 존중은 태도·노력·성과를 인정받을 때 얻는 존중이다. 이 두 가지가 균형을 이룰 때, 구성원은 "나는 이곳에 있어도

되고, 또 필요한 사람이다"라는 진정한 소속감을 경험하게 해야
한다.

• 심리적 안전감 조성

실수나 의견 제시를 두려워하지 않는 환경을 만들고, 구성원이 자기 모습 그대로 기여할 수 있게 해야 한다.

• 포용적 리더십과 인정

리더가 직원 각자의 장점과 고유성을 인정하고, 개인의 고유한 기여에 대해 적극적으로 피드백하며 관계에 투자해야 한다.

• 성장 기회와 인정 제공

커리어 개발, 잡 크래프팅, 학습 지원 등을 통해 '나의 성장과 회사의 비전이 연결된다'는 경험을 제공하고, 그 과정에서 성과와 노력을 적극적으로 인정한다. 피드백 및 참여 구조 마련, 직원 의견을 조직 정책과 문화 형성에 반영하는 구조(예: ERG, 직원 소그룹)로 소속감을 주도권 기반 행동으로 전환해야 한다.

2026년 이후 조직문화는 소속감을 주는 조직이 아니라, 소속감

을 주체적으로 만들어가는 조직으로 진화해야 한다. 그 안에서 직원들은 포용된 존재가 아니라, 조직의 변화를 함께 만드는 주인공이 된다.

PART 2

조직문화 핵심이론

1
조직문화의 정의

조직문화란 "구성원의 일반적인 행동과 조직의 전반적인 분위기"이다. 이는 조직의 정체성을 형성하고 구성원의 경험과 행동을 통합하는 틀로 작용하며 이를 통해 기업이 추구하는 가치와 신념을 겉으로 드러낸다.

그러나 조직문화 담당자들조차도 조직문화를 명확히 정의하지 못하는 경우가 많다. "조직문화가 무엇인가?"에 대한 질문에 "좋은 분위기에서 즐겁게 일하는 문화", "서로 신뢰하며 회사에 대한 로열티가 높은 문화"처럼 다양한 답변이 나오는 것이 현실이다. 그 이유는 조직문화라는 개념 자체가 이론적으로 매우 복잡하고 다층적이기 때문이다. 조직문화는 다양한 학문적 관점에서 접근할 수 있다. 사회학, 심리학, 경영학 등의 다양한 이론들이 서로 얽혀 조직문화의 의미를 다룬다.

이렇다 보니, 조직문화의 명확한 정의를 내리기 어려워 조직문화 관련 활동이 난관에 부딪히는 경우가 자주 발생한다. 조직문화라는 말의 정의 자체가 어렵고 복잡하게 되면 구성원들이 조직문화를 이해하고 실천하는 데 있어 많은 걸림돌이 된다. 조직문화를 이해하는 것은 조직의 가치관을 바탕으로 모든 구성원이 일관된 방향으로 나아갈 수 있도록 하는 기초이다. 그러나 이러한 정의가 명확하지 않을 경우, 조직문화 개선 활동이나 실행 전략이 혼란에 빠지기 쉽다. 혼란스러운 조직문화의 정의는 조직문화가 구성원에게 어떤 의미로 다가가야 하는지를 혼란스럽게 만들고, 실제 행동에 영향을 미치는 요소로 작용할 수 있다.

조직문화는 크게 구성원의 행동과 조직의 분위기라는 두 가지 주요 요소로 구성된다. 구성원의 행동은 조직 내부에서 공유되는 규범, 기대, 가치관 등을 반영하며, 조직의 분위기는 이러한 행동들이 축적되어 나타나는 결과물로, 구성원들에게 느껴지는 조직의 기운과 환경을 의미한다. 이 두 요소는 조직문화를 이해하고 진단하는 데 핵심적인 역할을 한다.

구성원의 일반적인 행동

구성원의 행동은 조직 내에서 반복적으로 나타나는 활동과 그 과정에서 나타나는 규범과 기대를 말한다. 예를 들어, 회의 중 발언 방식, 상사와의 대화에서의 태도, 업무 지시를 받는 방식 등이 모두 구성원의 행동에 포함된다. 이러한 행동들은 조직이 중요시하는 가치를 반영하며, 조직의 목표 달성을 위한 일관된 방향을 제시한다. 구성원의 행동이 일관되게 나타날 때, 조직은 안정성과 예측 가능성을 가지며 목표를 보다 효율적으로 달성할 수 있다. 반대로, 구성원의 행동이 조직의 목표나 가치와 일치하지 않을 경우, 갈등이 발생하고 조직의 성과가 저하될 수 있다.

조직의 전반적 분위기

조직의 분위기는 구성원들의 행동이 누적되어 만들어진 결과로, 조직 내에서 느껴지는 감정적 분위기와 환경을 의미한다. 긍정적인 조직 분위기는 구성원들이 협력적이고 혁신적인 태도로 일할 수 있게 하며, 이는 조직의 목표 달성에 중요한 촉매 역할을 한다. 자유롭게 의견을 표현할 수 있는 분위기를 가진 조직은 구성원들이 보다 적극적으로 참여하고 창의적인 아이디어를 내놓게 된다. 반면, 위계적이고 경직된 분위기를 가진 조직에서는 구성원들이 소극적이고 방어적으로 행동하게 되며, 결국 조직의 성과에 부정적인 영향을 미친다.

행동과 분위기의 상호작용

조직문화의 두 가지 요소인 행동과 분위기는 서로 밀접하게 연결되어 있다. 구성원의 행동은 조직의 분위기를 형성하고, 형성된 분위기는 다시 구성원의 행동에 영향을 미친다. 구성원들이 서로 존중하고 협력하는 행동을 지속해 보여주면, 이러한 행동은 긍정적이고 협력적인 조직 분위기를 만든다. 반대로, 구성원들 사이에 불신과 갈등이 잦다면, 이는 부정적인 조직 분위기를 형성하게 되고, 구성원들이 더 방어적이거나 소극적으로 행동하도록 만들 수 있다.

조직문화는 행동과 분위기라는 요소들이 결합하여 조직의 정체성을 형성하는 중요한 역할을 한다. 따라서 조직문화를 개선하고 강화하기 위해서는 구성원의 행동을 명확히 정의하고 이를 긍정적으로 유도하는 동시에, 조직의 분위기를 지속해 진단하고 개선하려는 노력이 필요하다. 이러한 활동은 조직 내에서 일어나는 상호작용을 더욱 원활하게 하고, 조직 전체가 하나의 목표를 향해 나아가는 데 필수적인 기반을 제공한다.

조직문화의 복잡성과 다층성에도 불구하고, 조직의 행동과 분위기라는 두 가지 요소에 집중하면 조직문화의 본질을 보다 명확히 이해할 수 있다. 이는 조직의 목표와 전략을 효과적으로 지원하는 문화를 구축하는 데 중요한 역할을 하며, 구성원들이 조직에서 경험하는 모든 상호작용의 질을 결정짓는다. 궁극적으로, 조직문화는 구성원들에게 일관된 방향성을 제공하고, 조직의 가치를 실현하는 데 중요한 도구로 작용한다. 긍정적인 행동과 분위기를 지속해 형성하고 유지하는 것이 조직의 장기적인 성공과 지속 가능성에 기여할 것이다. 정리하면, 조직문화란 구성원의 일반적 행동과 조직의 전반적 분위기라고 정의할 수 있다.

2
조직문화의 구성 요소

조직문화를 논할 때 가치관, 일하는 방식, 소통 방식, 복지 제도, 복장, 근무 환경 등 여러 가지 요소가 언급된다. 이러한 다양한 요소들이 혼재되어 있어 조직문화를 정확하게 이해하는 데 어려움을 겪는 경우가 많다. 이러한 혼란을 해소하고 조직문화를 체계적으로 이해하기 위해 조직문화의 아버지라 불리는 MIT 경영대학원 에드거 샤인Edgar H. Schein 교수의 조직문화 3층위 모델Three Levels of Organizational Culture이 이론적으로 중요한 틀을 제공한다. 이 모델은 조직문화가 눈에 보이는 차원에서부터 보이지 않는 깊은 차원까지 다층적으로 구성되어 있음을 보여주며, 기업이 조직문화를 진단하거나 변화시키려 할 때 필수적인 분석 틀로 활용된다.

기본 가정 Basic Assumptions

문화는 사회마다 서로 다른 '당연함'을 만들어 낸다. 예를 들어, 한국에서는 연장자에게 존댓말을 사용하는 것이 너무나 당연한 규범이다. 반면 미국에서는 나이와 관계없이 서로 이름을 부르며 수평적으로 소통하는 것이 자연스럽다. 이렇게 사람들에게는 의식하지 않아도 공유되는 기본 전제가 존재하며, 이는 행동과 관계 방식을 규정한다.

조직에서도 마찬가지다. 기본 가정은 조직문화의 가장 깊은 층위로, 구성원들이 무의식적으로 공유하는 신념과 가치관을 의미한다. 이는 구성원들이 일상 속에서 '당연한 것'으로 받아들이며, 직접적으로 언급하지 않더라도 행동과 의사결정에 결정적인 영향을 미친다. 예를 들어, '팀워크가 중요하다'라는 기본 가정이 자리 잡은 조직에서는 개인 성과보다 팀 성과를 우선시하는 분위기가 자연스럽게 형성된다. '고객은 항상 옳다'라는 신념이 강한 기업에서는 내부 의사결정 과정에서 언제나 고객 경험이 최우선 고려 대상이 된다.

기본 가정은 조직의 초창기부터 축적되며, 이후 구성원 세대가 바뀌거나 외부 환경이 달라지더라도 쉽게 바뀌지 않는다. 그렇기 때문에 겉으로는 드러나지 않지만, 조직문화의 토대이자 정체성을 규정하는 뿌리가 된다. 조직문화 활동은 결국 이 기본 가정을 드러내고 정리하는 과정이다. 표면적으로 워크숍, 설문조사, 인터뷰 등의 방법을 활용하는 것은 모두가 믿고 있는 것을 찾아내고 언어화하는 데 목적이 있다. 워크숍을 하는 이유는 단순히 아이디어 모으기가 아니라, '우리 조직이 무엇을 당연하게 여기고 있는가?'를 탐색하는 과정이다. 구성원 의견 수렴은 새로운 가치를 만드는 작업이 아니라, 이미 공유된 믿음을 확인하고 집단의 합의를 강화하는 절차다. 따라서 조직문화를 구축한다는 것은 기본 가정을 찾아내고 명확히 정리하는 것이라고 할 수 있다. 이 과정을 통해 조직은 자신의 정체성을 분명히 하고, 변화와 혁신의 출발점을 마련할 수 있다.

표출하는 가치 Espoused Values

근면성실이라는 가훈이나, 슬기롭고 바르고 튼튼한 사람이 되자 교훈처럼, 표출 가치는 눈에 보이는 형태로 드러난다. 조직에서도 마찬가지다. 표출하는 가치는 조직이 내부와 외부에 드러내고자 하는 가치와 신념을 의미하며, 기업의 미션, 비전, 핵심가치 등이 여기에 해당한다. 이는 구성원들에게는 명확한 행동 지침을 제공하고, 조직이 지향하는 목적과 방향을 반영하며, 동시에 외부 이해관계자에게는 조직의 정체성과 신뢰를 전달하는 역할을 한다. 예를 들어, 혁신을 핵심가치로 삼은 조직은 구성원들에게 창의적이고 도전적인 행동을 요구하며 새로운 시도와 변화를 장려한다. 고객 중심을 내세운 조직은 모든 의사결정의 최우선 기준을 고객 경험과 만족에 두어 자연스럽게 고객의 관점에서 사고하고 행동하도록 이끈다.

이처럼 표출하는 가치는 구성원들에게 일상적으로 어떤 태도와 행동을 취해야 하는지를 알려주고, 경영진과 구성원 모두에게 의사결정의 중요한 기준으로 작용하며, 구성원들이 동일한 목표와 원칙을 공유하도록 함으로써 내부 결속을 강화한다. 또한 외부에는 조직의 브랜드 이미지와 평판을 형성하는 중요한 커뮤니케이션 수단이 된다. 그러나 표출하는 가치는 실제 행동과 괴리가 생길 경우 공허한 구호로 인식될 수 있다. 기본 가정과 충돌할 때에는 조직문화의 신뢰성을 해칠 수 있다. 따라서 조직은 표출하는 가치를 선언하는 데 그치지 않고 제도와 리더십 행동을 통해 일관되게 구현해야 하며, 기본 가정과 조화를 이루도록 점검하는 노력이 필요하다. 결국 표출하는 가치는 내부 구성원뿐 아니라 외부 이해관계자에게도 조직의 방향성과 신념을 전달하는 수단이 된다.

인공물과 행동 Artifacts & Behaviors

직원들의 옷차림만 보아도 그 조직의 분위기를 짐작할 수 있다. 어떤 회사는 정장을 입는 것이 당연한 규범이지만, 또 다른 회사는 청바지와 티셔츠 차림으로 일한다. 눈에 보이는 요소들이 바로 조직문화의 표면적 표현이다. 인공물과 행동은 이처럼 조직문화의 가장 외형적이고 직접적으로 관찰 가능한 차원으로, 문화를 눈으로 보고 귀로 들을 수 있게 드러낸다. 여기에는 구성원들의 일상적인 행동과 언어 사용, 제도와 규칙, 조직 관행뿐 아니라 사무실 배치와 인테리어, 복장 규정, 회의 운영 방식, 심지어는 사내 행사와 의례까지 폭넓게 포함된다.

사무실 배치 방식은 협업을 중시하는 조직은 개방형 공간을 활용하여 소통을 활성화하는 반면, 위계적이고 개인주의적 성향이 강한 조직은 칸막이와 독립적인 공간을 더 많이 활용한다. 또한 의사소통 방식 역시 중요한 단서가 되는데, 회의에서 자유로운 토론이 장려되는지, 아니면 상사의 지시와 보고가 중심이 되는지에 따라 조직의 수평성 혹은 위계성이 드러난다. 인공물과 행동은 단순한 겉모습이 아니라 조직이 표출하는 가치와 깊이 자리 잡은 기본 가정을 반영하는 거울과 같다.

예를 들어, 혁신을 중시하는 조직은 최신 기술이 적용된 스마트 오피스를 도입하거나, 신속한 의사결정을 위해 애자일^{Agile} 회의문화를 운영하는 등의 형태로 그 가치를 드러낸다. 반대로 안정성과 규율을 중시하는 조직은 보수적인 의사결정 절차, 엄격한 규정 준수, 정형화된 문서와 보고 체계 등으로 문화를 표현한다. 이처럼 인공물과 행동은 외부인에게는 조직문화를 한눈에 이해할 수 있는 단서를 제공하며, 내부 구성원에게는 조직이 중요하게 여기는 가치와 기대를 간접적으로 학습하고 체화하게 만드는 수단이 된다. 따라서 조직문화 진단이나 변화의 출발점에서 인공물과 행동을 면밀히 관찰하고 분석하는 것은 매우 중요한데, 이는 눈에 보이는 현상 속에 담긴 조직의 가치와 기본 가정을 추적할 수 있는 실질적 방법이기 때문이다.

에드거 샤인의 3층위 모델은 조직문화를 이해하는 데 있어 매우 체계적인 틀을 제공한다. 이 모델을 통해 조직 내에서 중요시되는 가치가 무엇인지, 이러한 가치가 행동과 분위기에 어떻게 반영되어 나타나는지 명확히 파악할 수 있다. 이는 조직문화를 분석하고 개선하는 데 있어 중요한 기초가 되며, 조직의 목표와 전략을 성공적으로 달성하기 위한 문화적 기반을 마련하는 데 도움이 된다.

에드거 샤인의 이론 외에 대표적인 조직문화 이론은 퀸과 카메론Cameron&Quinn의 경쟁 가치 모델Competing Values Framework이 있다. 이 모델은 조직문화를 네 가지 유형으로 구분한다. 내부 지향성과 외부 지향성, 유연성과 통제형이라는 두 가지 축을 사용하여 네 가지 유형으로 나누고 있다. 계층형 문화, 시장형 문화, 가정형 문화, 위계형 문화이다. 계층형 조직은 명확한 규칙과 절차를 통해 안정성을 유지하려고 하며, 위계형 조직은 창의성과 혁신을 중시하여 빠르게 변화하는 환경에 적응하려 한다. 맥킨지 7S 모델도 대표적인 이론인데, 맥킨지 7S 모델은 조직의 성과와 지속 가능성에 영향을 미치는 일곱 가지 요소(전략, 구조, 시스템, 공유된 가치, 스타일, 스킬, 스텝) 간의 연계를 강조한다. 이 모델에서 공유된 가치는 조직문화의 중심에 위치하며, 나머지 요소들이 이와 조화를 이루는 방식으로 조직의 전반적인 성과를 높인다. 공유된 가치는 조직문화의 핵심이 되며, 이를 통해 조직의 방향성과 목표가 일관성 있게 유지될 수 있다.

| 정리 |

조직문화는 기본 가정, 표출된 가치, 인공물과 행동이라는 세 가지 층위로 구성되어 있으며, 이들 간의 상호작용을 통해 조직 내 행동과 분위기를 형성한다. 또한 퀸과 카메론, 맥킨지와 같은 여러 이론은 조직문화를 다양한 관점에서 이해하고 설명하는 틀을 제공하며, 이를 통해 조직의 문화적 특성을 명확히 파악하고 관리할 수 있다. 이러한 구성요소들을 이해하고 관리함으로써 조직은 지속 가능한 성장과 긍정적인 근무 환경을 구축할 수 있다.

3
조직문화의 진단

조직문화 진단은 단순히 조직의 분위기를 점검하는 절차가 아닙니다. 이는 조직의 현재 상태를 객관적으로 이해하고, 이를 토대로 개선 방안을 수립하기 위한 핵심 과정이다. 건강한 조직문화는 구성원의 몰입과 협력을 이끌어 내어 장기적 경쟁력을 강화한다. 반대로 부정적이거나 경직된 문화는 변화 대응을 어렵게 하고 결과적으로 성과를 저해한다. 따라서 조직문화를 정확히 진단하고 이해하는 일은 단순한 관리 차원을 넘어 조직의 성공과 생존을 위한 전략적 선택이라 할 수 있다. 특히 변화와 혁신이 불가피한 오늘날 환경에서는 조직문화 진단이 새로운 성장 동력을 확보하는 출발점이 된다. 이를 위해 일반적으로 사용되는 방법은 설문조사와 심층 인터뷰이다.

설문조사

설문조사는 조직 전체의 구성원들에게 표준화된 질문을 던져 그들의 생각과 감정을 정량적으로 파악하는 방법이다. 이는 많은 구성원으로부터 빠르고 효율적으로 데이터를 수집할 수 있어 조직의 전반적인 상황을 체계적으로 파악하는 데 중요한 역할을 한다. 설문조사를 통해 조직의 강점과 약점을 명확히 하고, 구성원들의 공통적인 의견이나 불만을 정리할 수 있다. 예를 들어, 구성원들이 특정 제도나 정책에 대해 어떻게 느끼고 있는지, 어떤 부분에서 더 나은 지원이 필요한지를 파악할 수 있다.

설문조사의 또 다른 중요한 점은 일관된 데이터 수집이 가능하다는 것이다. 표준화된 질문을 통해 구성원들이 조직문화를 어떻게 인식하고 있는지를 같은 기준에서 비교할 수 있다. 이는 조직의 변화를 추적하거나 다른 조직과의 비교 분석을 할 때 매우 유용하다. 예를 들어, 조직문화 개선 프로그램의 효과를 측정하거나, 경쟁 조직의 문화와 자사문화를 비교할 때 설문조사의 데이터는 객관적인 기준을 제공해 준다.

그러나 설문조사는 몇 가지 한계를 가지고 있다. 첫째, 설문조사의 문항들이 구성원들의 깊은 감정이나 복잡한 생각을 충분히 반영하지 못할 수 있다. 표준화된 형식은 구성원들이 느끼는 미묘한 차이나 복잡한 감정을 드러내기 어렵게 한다. 둘째, 구성원들이 솔직하게 응답하지 않을 가능성도 있다. 특히 민감한 주제에 대해서는 구성원들이 솔직한 답변을 꺼리는 경우가 많아, 결과가 왜곡될 수 있다. 이러한 한계를 극복하기 위해 심층적인 접근이 필요하며, 이때 심층 인터뷰가 중요한 역할을 한다.

심층 인터뷰

심층 인터뷰는 구성원들과의 대화를 통해 조직문화에 대한 심층적인 이해를 얻는 방법이다. 설문조사와 달리, 심층 인터뷰는 구성원들의 개인적인 경험과 감정을 더욱 깊이 파악할 수 있다. 구성원들이 조직 내에서 경험하는 문제나 느끼는 감정들을 자유롭게 표현하게 함으로써, 설문조사로는 파악하기 어려운 부분들을 발견할 수 있다. 예를 들어, 특정 정책에 대한 구성원들의 불만이나 조직 내에서 느끼는 불안감과 같은 정서적인 측면의 인터뷰를 통해 깊이 이해할 수 있다.

심층 인터뷰는 조직의 다양한 계층에서 진행될 수 있다. 경영진, 중간 관리자, 그리고 일반 직원들이 각각 조직문화에 대해 어떻게 인식하는지 비교함으로써, 조직 내에 존재하는 다양한 시각을 이해하고 문화적 간극을 줄이는 데 기여한다. 또한 인터뷰 과정에서 인터뷰어는 구성원의 반응에 따라 추가 질문을 던질 수 있어 유연성이 높으며, 이를 통해 설문조사만으로는 얻기 어려운 깊이 있는 통찰을 확보할 수 있다.

심층 인터뷰는 설문조사의 한계를 보완하는 중요한 도구다. 설문조사에서는 드러나지 않는 구성원들의 진짜 감정이나 경험을 심층 인터뷰를 통해 이해할 수 있다. 예를 들어, 설문조사 결과 특정 정책에 대한 불만이 높다고 나타난 경우, 심층 인터뷰를 통해 그 불만의 원인과 배경을 구체적으로 파악할 수 있다. 이를 통해 문제의 본질을 이해하고, 더 효과적인 해결책을 마련할 수 있다.

진단의 종합적 활용과 전략적 가치

설문조사와 심층 인터뷰는 각각 강점과 한계를 지니지만, 두 방법을 병행하면 조직문화에 대한 더 종합적이고 정확한 진단이 가능하다. 설문조사는 조직의 전반적 상황과 분위기를 빠르게 파악하는 데 유용하며, 심층 인터뷰는 설문조사로는 드러나지 않는 세부적이고 심층적인 문제를 발견하는 데 적합하다. 두 방법을 함께 활용하면 조직문화를 다각도로 이해하고, 강점과 약점을 명확히 식별하며 개선 방향을 구체적으로 설정할 수 있다.

무엇보다 조직문화 진단은 단순히 현재 상태를 평가하는 절차가 아니라, 더 나은 미래를 설계하기 위한 전략적 도구다. 정량적(설문조사)과 정성적(심층 인터뷰) 접근을 결합한 진단은 문제의 본직을 깊이 이해하게 되고, 구성원들의 목소리를 반영함으로써 조직 내 신뢰를 형성한다. 이를 토대로 실행되는 변화는 단순한 제도 개선을 넘어, 구성원들의 몰입과 협력을 이끌어 내며 궁극적으로 조직의 성과와 지속 가능성을 높이는 토대가 된다.

4
조직문화 활동의 3요소

조직문화를 효과적으로 구축하고 개선하기 위해서는 의식화, 조직화, 제도화하는 세 가지 핵심 활동이 필요하다. 이 세 가지는 조직문화가 단순한 구호에 머무르지 않고, 구성원들의 일상적인 행동과 조직 전반적인 분위기로 뿌리내리게 하는 중요한 과정이다. 의식화를 통해 문화의 중요성을 인식하게 하고, 조직화를 통해 이를 실질적인 실행 체계로 묶으며, 제도화를 통해 제도와 시스템 속에 자리 잡게 하는 것이 핵심 방향이다.

의식화:
알게 하고, 공감하게 하며, 실천 방법을 배우게 하라

의식화는 조직문화 활동의 가장 중요한 출발점이다. 구성원들이 조직문화의 의미와 중요성을 명확히 이해하고 진심으로 공감하며, 이를 실천할 준비를 갖추도록 만드는 과정이다. '조직문화가 있다'는 것을 아는 차원을 넘어, '왜 이것이 우리 조직에 필요한가'라는 질문에 스스로 답하도록 돕는 것이다. 결국 의식화는 조직문화의 내적 동기를 형성하는 단계로, 조직문화 활동이 형식적 구호에 그치지 않고 실제 행동 변화로 이어지게 하는 토대가 된다.

이를 실현하기 위해서는 교육과 커뮤니케이션이 핵심이다. 교육은 단순히 조직의 미션, 비전, 핵심가치, 조직문화 방향성을 일방적으로 전달하는 데 그치지 않고, 구성원들이 이를 자신의 일과 연결해 사고할 수 있도록 설계되어야 한다. 예를 들어, 비전을 단순히 '회사 목표'로 주입하는 것이 아니라, 각 부서와 직무에서 이를 어떻게 구체적으로 실천할 수 있는지 토론하고 사례로 나누게 하면 구성원들은 자연스럽게 공감을 형성할 수 있다. 또한 워크숍이나 체험 활동을 통해 조직문화의 가치를 몸으로 느끼게 하는 것도 효과적이다. 실제로 특정 가치를 주제로 한 그룹 토론, 역할극,

체험형 과제는 구성원들이 조직문화의 의미를 추상적 개념이 아닌 현실적 경험으로 받아들이게 한다.

캠페인과 메시지 전달 역시 의식화를 강화하는 중요한 방법이다. 정기적인 사내 캠페인이나 스토리텔링을 통해 조직문화의 가치를 반복적으로 전달하면, 구성원들은 자연스럽게 그 중요성을 인지하고 자신의 사고방식과 행동에 반영하게 된다. 예컨대 공정성과 협력을 강조하는 캠페인을 통해 '이 조직은 개인보다 집단의 성과와 신뢰를 중시한다'는 메시지를 일상적으로 접하면, 구성원들은 조직이 지향하는 바를 분명히 이해하고 자기 행동을 그 방향에 맞추려는 동기를 갖게 된다.

결국 의식화는 알게 하고, 공감하게 하며, 실천 방법을 배우게 하는 과정이다. 이는 조직문화 활동의 가장 중요한 기반으로, 의식화가 부족하면 이후 조직화와 제도화는 표면적인 활동에 그칠 가능성이 크다. 반대로 의식화가 제대로 이루어지면 구성원들은 스스로 필요성을 인식하고 주체적으로 행동에 옮기게 되며, 이는 조직 전체에 긍정적 변화를 촉발하는 강력한 힘이 된다.

조직화:
리더그룹과 조직문화 전파자를 중심으로

조직화는 조직문화 활동의 두 번째 요소로, 구성원들의 인식과 공감을 넘어 문화가 실제 조직 안에서 지속적으로 작동하도록 만드는 구조적 과정이다. 이는 개인의 태도 변화를 넘어서, 문화가 일상 속에서 살아 움직이고 퍼져 나가도록 리더그룹과 조직문화 전파자[CA]를 중심으로 체계적 장치를 마련하는 것을 뜻한다. 의식화가 구성원들의 공감을 이끌어 내는 출발점이라면, 조직화는 그 공감을 행동으로 전환하고 확산시키는 연결고리라 할 수 있다.

이 과정에서 리더그룹은 가장 중요한 역할을 담당한다. 리더는 조직문화의 방향성을 결정하고, 행동과 의사결정을 통해 '어떤 가치가 실제로 중요한가'를 보여주는 상징적 존재다. 리더가 단순히 구호를 외치는 수준에서 머무르는 것이 아니라 회의, 피드백, 의사결정, 갈등 해결 과정에서 일관되게 문화를 반영할 때 구성원들은 문화가 실제로 작동하고 있다는 확신을 갖게 된다. 예를 들어, 리더가 회의에서 다양한 의견을 경청하고 이를 의사결정에 반영한다면, 구성원들은 조직이 강조하는 협력과 개방성을 받아들이게 된다. 결국 리더의 행동은 조직문화 확산의 촉매제이자 문화 내재화의 가장 강력한 수단이다.

그러나 리더그룹만으로는 한계가 있으므로 CA$^{Culture\ Agent}$를 활용할 필요가 있다. CA는 변화 관리자$^{Change\ Agent}$라는 개념에서 출발했으나, 변화 관리자라는 용어가 모호하고 활동의 내용과 목적이 조직문화 활동이므로 약어를 그대로 사용하면서 조직문화 전파자로 사용하는 것이 좋다. 최근에는 CA라는 용어 대신 젊은 층 위주로 주도하는 참여자 특성을 반영하여 '주니어보드'라는 용어도 많이 사용되고 있다. CA는 공식 직책을 가진 관리자라기보다, 동료들에게 자연스럽게 영향을 미치는 구성원들이다. 이들은 조직문화의 '생활 속 전도사'로서 새로운 조직문화 방향의 필요성을 설명하고, 그것이 일상에서 어떻게 실천될 수 있는지 보여준다. 이들의 작은 변화가 누적될 때, 조직문화는 상향식$^{bottom\text{-}up}$으로 확산되며, 리더그룹의 하향식$^{top\text{-}down}$ 전파와 결합되어 강력한 시너지를 낸다.

또한 조직 내 다양한 ERG$^{Employee\ Resource\ Group}$도 효과적인 촉매제가 될 수 있다. 다양한 부서의 구성원들이 정기적으로 모여 조직문화와 관련된 경험을 공유하는 문화 포럼이나 그룹 활동을 운영하면, 조직 전반에 걸쳐 문화적 공감대가 형성되고 강화된다.

즉 조직화는 문화가 특정 개인의 의식 차원에서 머무르지 않고,

리더와 CA라는 두 축을 통해 구조적으로 확산되도록 만드는 과정이다. 이를 통해 조직문화는 일시적인 캠페인이나 구호를 넘어, 구성원들의 일상적 행동과 조직 전반의 운영 방식 속에 뿌리내릴 수 있게 된다.

제도화:
인사 제도와 업무 환경에 반영하라

조직문화의 세 번째 요소는 조직의 핵심 제도와 정책에 조직문화를 내재화하는 제도화 과정이다. 제도화는 조직문화가 단순히 구성원들의 인식이나 일시적 캠페인에 머무르지 않고, 공식적인 구조와 시스템 속에 스며들어 일상적 행동으로 정착되도록 만드는 절차다. 인사 제도, 복지 제도, 근무 환경, 보상 체계 등 핵심 제도를 조직문화의 방향성과 일관되게 설계하고 운영할 때, 조직문화는 비로소 구성원의 행동과 조직의 분위기로 자리잡게 된다.

첫째, 인사 제도에의 반영이 제도화의 핵심이다. 공정성과 포용성을 중시하는 조직이라면 성과평가와 승진에서 모든 구성원에게 동등한 기회를 보장해야 한다. 단순히 성과 수치만이 아니라 조직이 추구하는 가치에 부합하는 태도와 행동을 실천한 사람을 인정하고 보상하는 방향으로 나아가야 한다. 예컨대 협력과 팀워크를 중시하는 조직이라면 개인 성과뿐 아니라 팀 성과와 협력적 행동을 평가 항목에 포함해야 한다. 리더십 개발 프로그램 또한 단순히 성과관리 기술만 배우는 것이 아니라, 조직의 가치관에 맞는 태도와 행동을 학습하고 실천하도록 설계해야 한다.

둘째, 근무 환경의 설계도 제도화를 뒷받침한다. 물리적 공간은 구성원이 문화를 경험하고 실천하는 방식에 직접적 영향을 미친다. 협업을 중시하는 조직은 소통이 자유로운 오픈 오피스, 팀 간 교류를 촉진하는 공유 라운지, 프로젝트 중심 협업실과 같은 공간 설계가 필요하다. 반대로 집중과 전문성을 강조한다면 개인의 몰입을 지원할 수 있는 독립 공간을 마련해야 한다. 여기에 유연근무제, 재택근무, 맞춤형 휴가제도 등을 더하면 다양한 생활 패턴을 존중하면서도 조직의 가치와 일하는 방식을 일치시킬 수 있다.

셋째, 보상 시스템의 정렬이다. 조직이 중요하게 여기는 가치를 실천한 구성원에게 적절한 보상과 인정을 제공해야 그 가치가 일상 행동으로 자리 잡는다. 혁신을 강조하는 조직이라면 새로운 아이디어를 제안하거나 실행으로 옮긴 구성원에게 보상과 인센티브를 제공하고, 고객 중심을 강조하는 조직이라면 고객 만족도를 높이는 행동을 인정하는 방식으로 문화적 메시지를 강화해야 한다.

결국 제도화는 조직문화가 구호나 행사에 머무르지 않고, 제도와 시스템을 통해 일관되게 경험되는 현실로 만드는 작업이다. 인사, 환경, 보상이 문화와 일치할 때, 구성원은 조직이 실제로 무엇을 중시하는지 분명히 인식하고 자발적으로 행동하게 된다.

의식화, 조직화, 제도화를 통한 조직문화 구축

의식화를 기반으로 조직화를 중심에 두고, 제도화를 통해 조직문화를 체계적으로 정착시키는 것은 일시적 변화를 넘어 지속 가능한 조직문화를 만드는 핵심 방법론이다. 의식화가 구성원들의 인식과 공감을 형성하고, 조직화가 리더와 CA를 중심으로 조직문화를 확산시키며, 제도화가 정책과 시스템 속에 내재화될 때, 조직문화는 비로소 일상적인 행동과 조직의 분위기로 살아 움직이게 된다.

세 가지 활동이 선순환을 이루면, 조직문화는 단순한 구호나 일회성 이벤트가 아니라 구성원의 행동 기준과 사고방식으로 정착한다. 의식화는 동기를 부여하고, 조직화는 행동을 확산하며, 제도화는 구조적으로 지속 가능성을 보장한다. 이러한 통합적 접근은 조직문화를 실질적 경쟁력의 원천으로 전환시켜, 구성원의 몰입과 협력을 이끌고 조직이 장기적 목표를 달성할 수 있는 강력한 기반을 제공한다.

PART 3

조직문화 핵심이슈

1
가치관:
2030 비전을 수립하는 기업들

우리 회사의 가치관은 정장인가, 속옷인가

많은 기업이 홈페이지나 사무실 벽면에 가치관을 걸어둔다. 취업을 준비하는 대학생들조차 "회사를 가치관도 없이 경영하는 게 말이 되나요?"라고 말하곤 한다. 만약 홈페이지에 미션, 비전, 핵심가치 혹은 경영이념, 경영목표, 사훈이라는 이름으로 가치관이 표현되어 있다면 이는 표면적으로 드러난 표출 가치$^{Espoused\ Values}$가 존재한다는 의미다. 그러나 중요한 것은 그것이 실제로 조직 안에서 어떻게 작동하고 있느냐이다. 옷에 비유하면 정장 같은 가치관인가, 속옷 같은 가치관인가?

이전에는 많은 직장인이 정장을 입고 출근했지만, 지금은 특별한 경우에만 입는다. 예전에는 누구나 매일 입던 것이 지금은 일부만 매일 입고, 대부분은 특별한 상황에서만 꺼내 입는 옷이 된 셈이다. 그렇다고 정장을 완전히 버리지는 않는다. 필요할 때는 입어야 하기 때문이다. 다만 20년 전, 10년 전 구식 정장을 꺼내 입지는 않는다. 체형이 달라졌거나 트렌드에 맞지 않기 때문이다.

회사의 가치관도 이와 비슷하다. 대부분의 기업 가치관은 어딘가에 존재하지만 실제 조직에 영향력을 미치지 못한다. 경영자나 임원, HR조차 활용하지 않은 채 "시대가 달라졌다"는 변명 속에 방치되곤 한다.

그러나 가치관은 정장이 아니다. 매일 갈아입는 깨끗한 속옷에 가깝다. 남들에게 보여주기 위한 것이 아니라, 일상을 지탱하는 기본이다. 하루를 살다 보면 금세 더럽혀질 수 있기에 매일 새롭게 갈아입어야 한다. 수십 년 동안 기능과 디자인은 크게 달라지지 않았지만, 늘 사람과 함께 살아 숨 쉬는 속옷 같은 존재가 가치관이다. 다시 떠올려보자. "회사를 가치관도 없이 경영하는 것이 말이 되나요?"라는 말은 정장 같은 가치관을 뜻하는가, 아니면 속옷 같은 가치관을 뜻하는가?

2025 주요 동향과 트렌드

2025년, 많은 기업이 '비전 2030'을 수립하고 있다. 비전 2020, 2025와 같이 5년 단위로 비전을 설정해온 기업들은 이제 2025년 시점에서 2030년을 내다보며 새로운 비전 작업에 착수했다. 코로나19로 인해 2020년부터 2022년 사이에 비전 수립을 미뤄왔던 기업들 역시 본격적으로 합류하고 있다.

비전 수립은 단순히 거창한 슬로건 한 줄을 만드는 일이 아니다. 만약 비전이 슬로건에 그친다면 구성원에게 조직의 방향성을 제시하지 못한 것이고, 목표와 전략이 결여된 상태나 다름없다. 오히려 '비전이 있다'는 착각만 심어 더 큰 문제를 낳을 수 있다. 실제로 과거 많은 기업은 비전을 선포했지만 구체화나 내재화가 부족해 매년의 사업 계획과 연결되지 못한 채 흐지부지된 경험을 했다. 이제는 구체적 목표와 실현 로드맵을 함께 제시하지 않으면 비전 자체가 조직 내 공감을 얻기 어렵다는 사실을 깨닫고 있다.

팬데믹 이후 기업들이 겪은 극적인 변화는 비전 재정비의 필요성을 더욱 크게 하고 있다. 세대 차이의 확대, AI를 중심으로 한 디지털 전환 가속, 글로벌 공급망의 불안정성은 과거의 비전만으로는 대응하기 어려운 새로운 도전을 만들어 내고 있다. 여기에 지속가능성, ESG경영, 탄소중립과 같은 시대적 요구까지 더해지면서 이제 기업 비전은 단순한 수익 창출을 넘어서는 새로운 기준을 제시해야 한다.

비전의 기본 구조:
비전 슬로건, 목표, 전략, 과제

비전 수립은 인간의 두뇌가 작동하는 방식과 비슷하다. 그렇기 때문에 비전은 기본적으로 구성원이 납득하고 공감할 수 있는 논리적 체계를 갖추어야 한다. 기본 구조는 네 가지며, 비전 슬로건이 맨 위에 오고 목표가 그 다음, 그리고 마지막으로 전략과 과제가 제시된다.

비전 슬로건 Vision
"이렇게 된다면 정말 이상적이고 행복할 것이다"라는 감성적 언어로 표현되는 조직이 장기적으로 도달하고자 하는 이상적 상태, 감정적으로 공감되는 형태

목표Goal

비전이 실현되었음을 보여주는 수치화된 지표 또는 정량적·정성적 성과로 측정 가능해야 함

전략Strategy

목표 달성을 위한 실행 프레임, 자원 배분, 우선순위 설정 등 방법론을 포함

과제Task

전략을 실행하여 목표를 달성하기 위한 구체적 실행 계획

이 네 요소는 따로 떨어져 존재하는 것이 아니라 서로 유기적으로 연결되어야 한다. 스타벅스 사례가 이를 잘 보여준다. 창업자 하워드 슐츠는 '제3의 공간Third Place'이라는 비전을 제시했다. 이는 집과 직장 사이에 편안하고 따뜻한 공간을 제공하겠다는 감성적 표현이다. 이 비전은 다음과 같이 구체화되었다.

- **비전**: 제3의 공간Third Place – 고객이 머물고 싶어하는 제3의 편안한 공간

목표: 고객 체류 시간 증가, 재방문율 상승, 고객 만족도 90% 이상 유지 등 정량적 목표

전략: 프리미엄 커피 경험 제공, 맞춤형 고객 응대, 지속가능한 공급망 구축

과제: 바리스타 교육 강화, 지역별 맞춤 메뉴 운영, 매장 인테리어 개선, 커뮤니티 프로그램 운영

비전은 이상적인 구호만 남아서는 안 된다. 반드시 측정 가능한 목표와 실행 가능한 전략, 실행을 위한 구체적 과제로 연결되어야 현실화될 수 있다. 따라서 조직이 진정으로 비전을 현실화하려면 이 구조를 정립하고 내재화하는 과정이 필수적이다. 특히 비전 수립 절차에서 가장 중요한 단계인 비전 수립 워크숍에서는 보통 비전 슬로건과 목표를 수립하게 된다.

비전 수립 워크숍에서의 핵심 질문: 비전 슬로건이 먼저인가, 목표가 먼저인가?

많은 기업이 비전 수립을 위해 1~2일의 집중 워크숍을 설계한다. 팬데믹 이후 일반적이었던 1박 2일 워크숍은 현격히 줄어들고

대부분 1일 워크숍으로 진행되고 있다. 이 과정에서 늘 고민되는 것이 있다. 비전 슬로건을 먼저 만들고 목표를 설정할 것인지, 목표를 먼저 도출한 뒤 이를 종합해 비전 슬로건을 완성할 것인지이다. 이는 단순한 순서의 문제가 아니다. 워크숍의 몰입도, 참여 방식, 실현 가능성, 그리고 경영진의 리더십 스타일과 깊이 연결된다. 실제로 이 순서의 차이가 실제 워크숍에서 토론 흐름과 구성원 공감 형성에 큰 영향을 미친다.

접근법 1_
비전 슬로건을 먼저 만드는 방식: 방향성 우선 정렬 방법론

비전 슬로건을 먼저 도출하는 방식은 조직의 큰 방향성을 빠르게 정립하고 이후 목표·전략·과제를 그에 맞춰 정렬하는 방법이다.

이 방식의 장점은 참여자 전체가 하나의 '큰 그림'을 먼저 공유하기 때문에 논의의 초점을 흐트러지지 않는 것이다. 방향성이 선명해 명확한 방향성에 잘 연계된 일관성 있는 목표 수립이 가능하다. 이 방식을 방향성 우선 정렬 방법론이라 할 수 있는데 실제 비전 수립 워크숍 현장에서는 어려움이 있다. 방향성을 세우는 과정

이 너무 막연해 구성원의 몰입도가 떨어지거나, 공감가는 표현을 찾기 어려울 수 있다. 스타벅스의 '제3의 공간' 같은 슬로건은 한 번에 나오기도 어렵고 그것을 공감하기도 어렵기 때문이다. 이 한계를 보완하기 위해 경영진이나 주관 부서가 후보안을 제시하고 보강하는 방식을 쓴다. 다만 이 경우 하향식 접근으로 인해 현장 구성원의 참여감이 떨어질 수 있으므로, 복수 후보안을 제시해 선택권을 주면 효과적이다.

그럼에도 불구하고 방향성 우선 정렬 방법론이 적합한 상황이 있다. 경영 환경이 급변하여 실무진 중심의 참여자들이 방향성을 제시하기 어려울 때, 경영진의 통찰력이 필요한 경우다. 예를 들어, G사는 기존 플랜트 구조물 사업의 지속가능성이 없다고 판단해 사업을 축소하고 해상풍력 구조물 친환경 기업으로 전환하는 방향으로 투자를 진행하고 있다. 이처럼 경영진의 판단이 명확할 때는 그 방향성에 입각해 참여자들이 비전 슬로건을 만드는 것이 합리적이다.

또 다른 사례로 현재 비즈니스를 확대, 안정화하는 방향이 분명한 회사라면 비전 슬로건을 먼저 만드는 접근이 가능하다. A 프랜차이즈 피자 회사의 경우, 피자 시장 위축과 배달 경쟁 심화로 몇 년간 어려움을 겪었다. 이 회사는 위기를 돌파하기 위해 배달 중심

사업에서 도우 제조, 유통, 물류까지 아우르는 종합식품회사로 전환하겠다는 방향성을 경영진이 제시했다. 피자 회사를 넘어 종합식품회사라는 비전 방향성을 정한 후, 이를 달성하기 위한 목표를 설정하는 방법을 택한 것이다.

방향성 우선 정렬 방법론은 경영진의 통찰력이 요구되거나, 조직의 큰 전략적 방향이 이미 분명히 정해진 경우에 적합하다. 이 방식은 '비전-목표-전략-과제'라는 체계적 절차를 논리적으로 밟아가는 방법론이라 할 수 있다.

접근법 2_
목표를 먼저 도출하는 방식: 구체성 통합 수렴 방법론

이와 반대로 목표부터 도출하고, 이를 통합해 비전 슬로건을 만드는 방식은 워크숍 참여자 중심의, 현실성이 높은 방법론이다. 참여자들이 미래 목표를 토론하며 도출하고, 그것을 통합하여 비전을 '발견'하는 방식으로, 흔히 구체성 통합 수렴 방법론이라 부른다.

이 방식의 가장 큰 장점은 방향성을 먼저 정하지 않아도 된다는 것이다. 여러 목표를 다양하게 도출하면서 구성원의 참여와 공감

을 자연스럽게 이끌어 낼 수 있다. 특히 현장의 실무자들이 주도적으로 논의에 참여하고, 현실적인 목표 속에서 조직의 중요한 방향성이 드러나는 과정이 용이하다. 그러나 목표들이 파편화되어 비전으로 수렴되지 못하거나, 구체적 목표에 매몰되어 감정적 상징성과 메시지 효과가 약해질 수 있다는 것을 주의해야 한다. 결국 '비전다운 큰 방향성'을 놓칠 위험이 존재한다.

이 방법론이 적합한 상황은 조직의 방향성이 아직 명확하지 않거나, 리더와 실무자 다수가 참여해 수평적인 논의를 하고자 할 때다. 특히 참여자이 목소리를 충분히 반영하려는 워크숍에서는 실무적으로 가장 안전한 방식이라 할 수 있다. 다만, 비전이 목표에서 수렴되는 구조이므로 '명확한 방향성에 입각해 목표를 세운 것'이 아니라, '목표를 모아 방향성을 잡은 것'이라는 논리적 약점이 있다는 점은 유념해야 한다.

실행을 위한 접근법 롤링 작업

비전 슬로건을 먼저 정하는 방향성 우선 정렬 방법론과 목표를 먼저 정하는 구체성 통합 수렴 방법론은 각각 강점과 약점이 분명히 존재한다. 다만, 두 개의 방법론으로 구분한 것은 관념적인 측면이 있다. 어떤 방법론을 택하든 비전과 목표의 정합성을 확보하기 위한 롤링(환류) 과정이 반드시 필요하다.

비전 수립 워크숍에서의 도출된 비전 슬로건과 목표는 어디까지나 초안에 불과하다. 워크숍 현장에서 합의한 내용으로 결정하는 것은 워크숍에 참여한 구성원의 만족도가 높다는 장점이 있다. 하지만 이 내용이 전체 구성원의 의견이 반영된 것은 아닐 수 있다. 특히 직원 수가 50명 이상이라면 참여하지 못한 구성원들이 있고, 때로는 경영자가 자유로운 토론과 주도성을 위해 불참하는 경우도 있기 때문에 사후에 경영진 의견을 반영하는 절차가 필요하다.

또한 두 방법론은 각기 약점을 지니므로 환류 작업이라는 보완 장치가 요구된다. 방향성 우선 정렬 방식으로 비전 슬로건을 먼저 정했다면 목표가 비전을 충분히 담보하는지 검토해야 하고, 구체적 통합 수렴 방식으로 목표를 먼저 정했다면 비전 슬로건이 목표를 충분히 통합하고 있는지 확인해야 한다. 결국 비전 슬로건과 목표를 오가며 조율하는 롤링 작업이 필요하다.

이 환류 과정은 워크숍 현장뿐만 아니라 도출 이후에도 이어져야 한다. 이를 통해 비전의 방향성은 더욱 명확해지고, 목표의 구체성과 현실성은 강화된다. 그 결과 조직 전반이 공감하고 실행할 수 있는 완성도 높은 비전이 만들어진다.

시사점과 과제:
비전 슬로건 작성 패러다임의 전환: 감성적 공감을 넘어 실질적 목표

우리는 오랫동안 감성적 울림을 주는 비전 슬로건에 집중해 왔다. 포드의 "누가 자동차를 타게 하겠다", 나이키의 "무찌르자! 아디다스", 마이크로소프트의 "모든 가정과 책상에 컴퓨터를" 같은 강렬한 메시지는 20~30년을 내다보는 그랜드 비전으로서 조직을 하나로 묶고 방향을 제시하는 역할을 충실히 해왔다. 그리고 실제로 이 기업들은 비전을 달성하며 세상을 변화시켜 위대한 기업 칭송받았다.

그러나 디지털 전환과 팬데믹을 거치며 시장과 기술이 급속도로 재편되면서, 이제는 더 이상 추상적인 메시지만으로는 직원들의 실질적 공감을 얻기 어렵다. 특히 2030세대를 중심으로 한 젊은 직원들은 비전을 '나와 어떤 관련이 있는가'라는 개인적 관점에서 바라본다. 그들은 감성적 동기부여뿐 아니라 구체적이고 측정 가능한 목표를 통해 자신의 기여도와 성장 가능성을 가늠하고 싶어 한다. 이제는 감성적 동기부여와 더불어 구체적 숫자 목표를 담아 현실적인 로드 맵을 제시하는 비전이 요구되는 것이다. 이는 단순한 트렌드 변화가 아니라, 조직 운영의 투명성 강화와 성과관리의 체계화라는 경영 전반의 변화와 맥을 같이 한다.

숫자가 담긴 비전 슬로건의 힘

숫자는 직원들에게 방향성과 성취 기준을 동시에 제공하는 강력한 도구다. '더 크게 성장하자'라는 추상적 표현보다 '2030년까지 글로벌 Top3'라는 구체적 표현이 훨씬 직관적이고 행동을 촉발한다. 목표가 모호하지 않아 달성 여부를 누구나 명확히 평가할 수 있고, 이는 곧 조직 차원의 책임감과 개인 차원의 성취감으로 연결된다. 특히 숫자 기반 비전은 다음과 같은 실질적 효과를 가져온다.

첫째, 부서별 목표 설정 시 상위 비전과의 연계성을 명확히 할 수 있다.
둘째, 중간 점검 시점에서 달성도를 객관적으로 측정하고 전략을 수정할 수 있다.

셋째, 직원들이 자신의 업무가 전체 비전 달성에 어떻게 기여하는지를 구체적으로 이해할 수 있다.

무엇보다 숫자는 비전이 실제 조직 운영과 연결되어 있다는 확신을 준다. 이는 비전이 단순한 구호가 아니라 경영진의 진정성 있는 의지이며, 실현 가능한 계획이라는 메시지를 전달한다.

알리바바 비전2036: 2011

2019년 창립 20주년을 맞은 알리바바는 '102년 동안 지속하는 기업'이라는 그랜드 비전을 유지하면서, 2036년까지의 구체적 목표를 제시했다. 바로 20억 명의 소비자에게 서비스를 제공하고, 1억 개의 일자리를 창출하며, 1천만 개의 중소기업을 지원해 수익을 올릴 수 있도록 돕는 것이다. 이 목표는 단순한 기업 성장 목표를 넘어 사회적 가치 창출을 수치화하여 직원들에게 더 큰 사명감과 보람을 제공했다. 동시에 기업의 지속가능한 성장의 방향성을 명확히 보여주었다.

도루코 비전2030: 1 DORCO 330

도루코는 '1'이라는 표현으로 세계 1위를 지향하고, '330'이라는 숫자에 2030년까지 글로벌 Top3 면도기 제조사가 되겠다는 목표를 압축적으로 담았다. 이 슬로건의 힘은 단순 명료함이다. 직원들은 '330'이라는 숫자만 들어도 회사가 나아가는 방향과 달성 시점을 직관적으로 이해할 수 있으며, 현재 시장에서의 위치와 목표 간 격차를 명확히 인식할 수 있다.

원익머트리얼즈 비전2030: Dynamic 1.1.1

반도체 소재 기업인 원익머트리얼즈의 비전 슬로건은 매우 간결하다. 매출 1조 원, 글로벌 Tier 1, 1 Team이라는 세 가지 핵심 목표를 '1.1.1'로 압축했다. 여기에 Dynamic이라는 수식어를 더해 역동적이고 활기찬 미래상을 제시하면서도, 각각의 1이 상호연결되어 시너지를 창출하도록 설계했다. 특히 성장 목표와 함께 조직문화 지향점인 원팀One Team을 동시에 담아냈다는 점에서 균형 잡힌 비전이라 할 수 있다.

알볼로 비전2030: K-피자를 넘어, K-푸드 알볼로 1K 하이파이브

현재 4~5위권에 머물고 있는 피자 알볼로는 한국 1위로 도약시키고, 나아가 글로벌 피자 기업으로 성장하겠다는 포부를 담았다. 이 과정에서 '1K'는 매출 1,000억을, 'High Five'는 다섯 가지 구체적 목표(5개국·50개 가맹점 진출, 피자·햄버거를 포함한 5개 비즈니스, 가맹점 월 매출 5천만 원, 5개 생산라인)를 담았다. 하이파이브라는 표현에는 하늘 높이 서로의 손바닥을 맞대며 알볼로 고유의 열정과 협력의 조직문화를 강화하자는 의미이다. 앞으로 5년, 피자 브랜드라는 업종적 한계를 넘어 'K-푸드'의 글로벌 확장성을 숫자로 구체화하며, 직원들의 자부심과 동기부여를 동시에 끌어내는 사례라 할 수 있다.

추상과 실질의 균형점 찾기

효과적인 비전은 여전히 직원들의 가슴을 뛰게 하는 왜^{Why}의 메시지를 담아야 한다. 숫자만으로는 감정적 몰입을 이끌어 내기 어렵기 때문이다. 그러나 이제는 그 감성적 동기 위에 무엇을^{What}, 언제까지^{When} 달성할 것인가를 구체적으로 제시해야 한다. 이러한

균형은 단순히 슬로건의 수사적 완성도를 위한 것이 아니다. 조직 운영의 실효성을 담보하는 핵심 요소다. 추상적 비전은 방향성을 제시하지만 실행 계획으로 이어지기 어렵고, 구체적 숫자만으로는 직원들의 내적 동기를 자극하기 어렵다. 따라서 두 요소의 유기적 결합이 비전을 단순한 장식이 아닌 살아 있는 조직 운영 도구로 만드는 핵심이다.

불확실성이 큰 시대에는 20~30년의 장기 비전보다 5년 내외의 중기 비전이 더욱 현실적이다. 기술과 시장의 변화 속도를 고려할 때, 예측 가능한 범위 내에서 구체적 목표를 설정하는 것이 조직의 집중력과 실행력을 높인다. 특히 330, 1.1.1, High Five처럼 기억하기 쉽고 상징적 의미를 담은 숫자 조합은 현 시점에서 비전 슬로건을 만들 때 효과적이다. 복잡한 수치의 나열보다는 핵심을 압축한 간결한 표현이 조직 내 확산력과 몰입도를 높인다. 단순 매출이나 규모 목표를 넘어서 고객 가치, 사회적 기여, 직원 성장 등 다양한 이해관계자가 공감할 수 있는 방향성을 함께 담아야 한다.

실용적 도구로서의 비전

숫자를 담은 비전 슬로건은 단순히 목표 수치를 나열하는 것이 아니다. 그것은 조직의 감성과 이성, 방향성과 실행력을 동시에 확보하는 실용적 경영 도구다. 숫자는 직원들에게 명확한 좌표를 제공하고, 비전은 그 좌표가 왜 중요하며 어떤 의미를 갖는지를 설명한다.

감성적 동기부여와 도전적 목표 설정이 만날 때, 비전은 비로소 공허한 수사를 넘어 조직 전체가 함께 달려갈 수 있는 현실적 로드맵이 된다. 변화하는 시대의 조직 관리는 이처럼 실질적이고 측정 가능하면서도 감성적 몰입을 이끌어 내는 통합적 접근을 요구하고 있다. 비전 슬로건의 진화는 바로 이러한 경영 환경의 변화를 반영하는 자연스러운 흐름이라 할 수 있다.

2
일하는 방식 CoC 2.0
3대 키워드: 데이터 중심, 빠른 실행력, 책임감

| 일하는 방식을 재정의하는 새로운 CoC의 등장

과거 조직문화 영역에서 CoC$^{\text{Code of Conduct}}$는 윤리 기준이나 행동 규범을 의미하는 제한적인 개념으로 여겨졌다. 그러나 오늘날 기업의 CoC는 조직의 실질적인 일하는 방식과 실행 기준을 정의하는 핵심 도구로 진화하고 있다. 자연스럽게 '일하는 방식 CoC'라는 용어가 사용되며, 이는 단순한 행동 지침을 넘어 조직 운영의 중심 언어로 자리 잡아가고 있다.

이 변화의 배경에는 "어떻게 하면 일 잘하는 조직을 만들 것인가?"라는 근본적 문제의식이 있다. 단순한 조직문화 캠페인이나 슬로건을 넘어서, 일하는 방식 CoC는 조직의 운영 철학과 실행 방법론을 구체화하는 '운영의 언어'로 진화하고 있는 것이다. 특히 2025년 일하는 방식 CoC는 세 가지 키워드로 요약된다. 바로 '데이터Data 중심, 빠른 실행력Speed, 그리고 책임감Accountability'이다. 이는 단순한 개념적 프레임워크가 아니라, 국내외 주요 기업들이 조직 전반에 적용하고 있는 구체적이고 실천적인 기준들이다.

2025 주요 동향과 트렌드

데이터 중심: 경험에서 나오는 직감을 넘어서는 근거 기반 조직 의사결정의 새로운 기준점

현대 조직에서 데이터 기반 의사결정은 더 이상 옵션이 아닌 필수 조건이다. 시장 분석부터 고객 인사이트, 조직 내부 운영에 이르기까지 모든 영역에서 데이터를 중심으로 사고하고 판단하며 실행하는 구조적 전환이 일어나고 있다.

대표적인 사례로 현대자동차그룹의 Hyundai Way이다. 2024년 새롭게 발표된 이 글로벌 일하는 방식 CoC에서 가장 주목할 만한

요소는 '데이터 기반 사고'의 명문화다. 이는 리더 개인의 직감이나 과거 경험에 의존하던 기존 방식에서 벗어나 객관적인 지표와 정보에 근거한 판단과 실행을 조직 전체의 기준으로 설정한 것이다. Hyundai Way의 핵심 의도는 전 세계 각 사업장에서 공통된 판단 기준을 확립하는 것이다. 고객 불만 처리, 품질 이슈 대응, 공급망 관리 등 핵심 업무 영역에서 데이터에 기반한 신속하고 일관된 대응 체계를 구축하려는 전략적 접근이다.

이러한 트렌드는 글로벌 기술 기업에서 더욱 구체적으로 구현되고 있다. 아마존은 고객 집착^{Customer Obsession}이라는 핵심가치를 바탕으로 고객 행동 데이터를 모든 의사결정의 중심에 배치하고 있다. 배송 시간 단축이나 프라임 회원 혜택 확대 같은 주요 정책들은 모두 치밀한 데이터 분석을 거쳐 도출된 결과물이다. 넷플릭스 역시 사용자 시청 패턴 데이터를 활용해 개인화된 콘텐츠 추천 시스템을 운영하며, 오리지널 콘텐츠의 제작 결정마저 내부 분석 데이터와 실험 결과에 근거해 결정한다.

이처럼 데이터는 단순한 참고 자료가 아니라 의사결정의 방향을 설정하고 실행을 이끄는 핵심 기준으로 자리 잡았다. 2025년에 일하는 방식 CoC 수립을 추진하는 기업들에게 '데이터 중심'이라는 키워드는 조직 전반의 판단 체계를 재구성하는 실천 원칙으로 확산되고 있다. 이는 개별 부서나 특정 직군의 업무 방식을 넘어서, 조직문화와 운영 철학 자체를 근본적으로 전환하는 흐름이라 할 수 있다.

빠른 실행력: 완벽함을 기다리는 대신 실행하며 배우기

전통적인 많은 조직은 실수 없는 완벽한 결과물을 만드는 것을 최우선 가치로 여겼다. 그러나 급변하는 시대에는 완벽을 추구하다가 기회를 놓치는 위험이 더 치명적인 문제가 되고 있다. 이제 조직들은 완벽하지 않더라도 빠르게 실행하고, 그 과정에서 학습하며 지속적으로 개선해 나가는 새로운 방식을 채택하고 있다.

Hyundai Way는 이러한 철학을 '민첩한 실행'이라는 행동 기준으로 구체화하고 있다. 과도한 계획 수립과 준비 과정을 경계하며, 특히 중요한 사안일수록 현장에서 신속하게 판단하고 실행하는 것을 조직의 일하는 방식으로 설정한 것이다. 이 실행 중심 문화는 구글의 제품 개발 접근법에서도 확인된다. 구글은 대부분의 신규 서비스를 초기에는 Beta 버전으로 출시한 후, 사용자 피드백을 바탕으로 점진적 개선을 진행하는 전략을 취하고 있다. 최근 생성형 AI 서비스 역시 같은 과정을 거쳤다. 처음에는 영어만 적용해 제

한적으로 선보였고, 이후 글로벌 사용자가 각자의 언어로 테스트하며 보완점을 찾아냈다. 이후 기능도 내용 요약, 마인드맵, 팟캐스트로 시작하여 동영상, 보고서, 플래시카드, 퀴즈로 계속적으로 확장됐다. 이처럼 사용자 실험과 반복 개선 과정을 거쳐 현재의 완성형 서비스가 만들어진 것이다.

이와 같은 실행 방식은 조직이 환경 변화에 대응하는 속도를 획기적으로 높일 뿐만 아니라, 구성원들에게 실질적인 실행 경험과 학습 기회를 제공하는 부가적 효과도 창출한다. 속도를 내자는 구호가 아니라, 실행 과정 속에서 진짜 문제를 파악하고 본질적 해결책을 찾아간다는 관점의 전환이다. 따라서 2025년의 일하는 방식 CoC에서 '빠른 실행'은 실수의 반대 개념이 아닌 성장의 전제 조건으로 정의되고 있다. 이는 실패를 두려워하지 않는 문화를 넘어, 실행 자체를 학습과 성장의 핵심 메커니즘으로 인식하는 조직 운영 철학의 진화를 보여준다.

책임감: 자율과 책임에서 자율만 부각되는 예상치 못한 부작용

지난 몇 년간 국내외 많은 기업들이 자율성 확대와 실패를 용인하는 문화를 조직 혁신의 핵심 방향으로 추진해 왔다. 이러한 접근

은 권한 위임, 수평적 소통 활성화, 창의적 실행 촉진 등에서 분명한 성과를 거두었다. 그러나 동시에 예상치 못한 부작용도 나타났는데, 바로 책임 소재가 불분명해지는 문제였다. 실행 권한은 조직 곳곳으로 분산되었지만, 정작 그 결과와 영향에 대해 "누가 책임지는가"가 모호하거나 사라지는 경우가 잦아진 것이다. 이는 자율적 실행을 저해하는 새로운 형태의 조직 리스크로 작용하기 시작했다.

이러한 현실 인식 속에서 '책임감'이라는 키워드가 새롭게 조명받고 있다. 여기서 말하는 책임감은 실수에 대한 처벌이나 일방적 책임 추궁이 아니다. 오히려 "누가 무엇을 어떤 근거로 결정했으며, 왜 그렇게 행동했는가"를 조직 내에서 명확하고 투명하게 설명할 수 있는 구조를 만드는 것이 핵심이다.

Hyundai Way는 자율적 실행과 민첩한 판단을 강조하면서도, 각 행동과 결정에 대해 구체적인 이유와 실행 기준을 명시하도록 함으로써 책임의 연결고리가 끊어지지 않도록 치밀하게 설계되어 있다. 실행의 자율성은 보장하되, 그 실행의 배경과 논리를 설명할 수 있는 조직을 지향하는 것이다. 현대자동차는 이러한 철학을 제도적으로 뒷받침하기 위해 리더십 진단 제도를 운영하고 있다. 이 제도를 통해 구성원들은 리더의 실행 태도와 가치 정렬 수준을 익명으로 평가할 수 있으며, 조직 내 책임 문화를 자연스럽게 형성하는 장치로 작용하고 있다. 또한 조직의 평가 시스템도 Hyundai Way와 직접 연계되어 있으며, 포상 역시 단순한 성과 중심이 아닌 조직이 지향하는 실행 기준에 부합하는 행동을 중심으로 이루어진다. 이는 책임감이 처벌의 도구가 아니라 조직 발전의 동력이 될 수 있음을 보여주는 실질적 사례이다.

이처럼 현대적 의미의 책임감은 더 이상 결과에 대한 사후 처리 개념이 아니다. 오히려 조직의 핵심 가치와 실행 방식이 흐트러지지 않도록 지속적으로 정렬시키는 힘, 즉 실행 구조의 중심축으로 기능하고 있다. 자율성과 실행 중심 문화를 건강하게 유지하기 위해서라도 명확한 책임 구조는 반드시 필요한 조건이 되었다.

시사점과 과제:
일하는 방식 CoC, 실행의 언어로 패러다임의 전환

오늘날의 일하는 방식 CoC는 더 이상 형식적인 문서나 추상적인 도덕적 기준에 머물지 않는다. 이제 그것은 조직이 무엇을 기준으로 움직이고, 어떻게 실행하며, 어떤 결과를 만들어낼 것인가를 규정하는 살아있는 작동 원리가 되었다. Hyundai Way는 이러한 전환을 구체적으로 보여주는 대표적 사례이며, 이 흐름은 업종과 규모를 막론하고 다양한 조직으로 확산되고 있다. 진정으로 '일 잘하는 조직'을 만들고자 한다면, 지금 다음과 같은 근본적 질문들을 다시 점검해야 할 시점이다.

- **데이터 중심성**: 우리 조직은 여전히 개인의 직감이나 과거 경험에 의존하는가, 아니면 객관적 데이터를 기준으로 판단하고 있는가?
- **빠른 실행**: 우리는 완벽한 계획을 기다리는 대신, 빠른 실행을 통해 배우고 실패를 개선하며 학습 및 성장하고 있는가?
- **책임의 명확성**: 자율성과 빠른 실행 뒤에, 투명하고 명확한 책임 흐름이 존재하는가?

이 세 가지 질문은 이제 기업의 '일하는 방식 CoC'의 새로운 표준이자, 앞으로의 지속가능한 성장과 실질적 변화를 달성하기 위한 필수 조건이다. 단순한 조직문화 개선 도구가 아니라, 조직의 운영 DNA를 근본적으로 재설계하는 가장 강력한 실용적 장치로 자리 잡고 있다. 변화의 속도가 가속화되는 시대, 기업의 진정한 경쟁력은 얼마나 빠르게 학습하고 실행하며 책임질 수 있느냐에 달려있다. 그리고 그 중심에는 새롭게 진화한 일하는 방식 CoC가 조직의 실행 언어로서 확고히 작동해야 한다.

3
생성형 AI 활용
생성형 AI, 조직의 운영체제를 바꾸다: 효율의 함정 vs 증강의 미래

| 생성형 AI가 갈라놓는 두 개의 미래

생성형 AI는 단순한 생산성 도구를 넘어 조직을 두 개의 미래로 나누는 거대한 분기점The Great Divergence이 되고 있다. 기술 도입의 초기 단계를 지나면서, 기업들은 생성형 AI를 조직의 핵심 운영체제Operating System에 어떻게 통합할 것인가에 대한 근본적인 철학적 선택에 직면했다. 생성형 AI를 '통제와 효율 극대화의 도구'로 활용할 것인가, 아니면 '인간의 창의성과 자율성 증강의 파트너'로 삼을 것인가.

생성형 AI는 이미 한국 조직 속에 빠른 속도로 자리 잡고 있다. 최근 한국은행이 발표한 「BOK 이슈노트」(2025-22호)에 따르면, 한국 직장인 절반(51.8%)이 업무에 AI를 활용하고 있으며, 이는 미국보다 2배 높고 인터넷 도입 속도보다 8배나 빠른 세계적으로 유례없는 확산 속도다. 또한 오픈서베이OpenSurvey의 '업무 툴 트렌드 리포트 2025'는 이러한 변화가 조직 주도가 아니라 개인의 자발적인 유료 구독에서 비롯된 상향식 혁신Bottom-up Innovation임을 보여준다. 한국이 세계에서 가장 역동적인 AI 실험장이 된 지금, 일하는 방식에 대한 철학의 차이가 향후 기업의 생존을 결정할 것이다.

2025년 주요 동향과 트렌드

핵심 변화: 두 개의 미래, 두 개의 운영체제

현장에서 관찰되는 가장 중요한 변화는 기업들이 AI를 활용해 인간 증강과 효율 극대화라는 서로 다른 두 개의 운영체제를 구축하고 있다는 점이다. 이 선택은 단순히 기술 도입의 차원이 아니라, 어떤 인재를 길러내고(인재상), 어떤 방식으로 일하며(업무 프로세스), 무엇을 성과와 성공이라 정의할 것인가까지 조직을 근본적으로 뒤흔들고 있다.

인간 증강Human Augmentation 운영체제: 창의성의 파트너

이 운영체제를 선택한 조직에서 AI는 인간의 지적 능력을 확장하는 파트너로 기능한다. 목표는 효율을 넘어 기존에 불가능했던 새로운 가치를 창출하는 것이다. 이곳에서 핵심 역량은 'AI 협업 지능', 즉 AI와 함께 문제를 재정의하고, 창의적 가설을 탐색하며, 결과물의 완성도를 높이는 종합 능력이다.

구글 딥마인드DeepMind의 알파폴드AlphaFold는 과학 연구 분야에서 인간 증강을 보여주는 가장 상징적인 사례다. AI가 방대한 가능성을 탐색해 유의미한 방향을 제시하면, 인간 과학자는 그 결과를 바탕으로 더 깊은 질문을 던지고 창의적 연구에 집중한다. AI는 인간의 지적 탐험을 가속하는 강력한 파트너가 된 것이다. 이러한 증강의 모델은 한국은행의 조사에서 나타난, AI가 저연차 직원의 업무 숙련도 격차를 완화하는 평준화 효과equalizing effect와 맥을 같이 한다.

이 모델의 진정한 힘은 단기적인 성과를 넘어, 장기적인 지적 자본의 복리 효과Compounding Effect of Intellectual Capital에서 나온다. 인간과 AI의 협업이 반복될수록 조직의 지식과 문제 해결 능력은 단순 합산이 아닌, 복리 이자처럼 기하급수적으로 증가한다. AI와의 실험 과정에서 발생하는 수많은 실패조차 데이터로 축적되어 조직의 다음 성공을 위한 귀중한 자산이 되는 '실패의 자산화'가 일어난다. 이는 경쟁 조직이 단기간에 모방할 수 없는 지속 가능한 경쟁 우위의 원천이 된다.

효율 극대화 Efficiency Maximization 운영체제: 통제의 시스템

반대로 효율 극대화 운영체제를 선택한 조직에서 AI는 프로세스를 표준화하고 인간의 실수를 최소화하며 비용을 절감하는 강력한 통제 시스템으로 작동한다. 목표는 예측 가능성과 운영 효율을 극한까지 끌어올리는 것이다.

아마존 Amazon의 물류창고 운영 시스템은 이 모델의 대표적 사례다. AI 기반 알고리즘은 직원의 업무를 세밀하게 측정하고 관리하며, 세계 최고 수준의 물류 효율성을 달성했다. 그러나 이 운영체제의 이면에는 '효율의 함정'이 숨어 있다. 단기적 성과는 눈부시지만, 장기적으로는 조직의 미래를 갉아먹는 보이지 않는 부채 Invisible Debt인 구성원의 창의력 저하, 높은 이직률, 시장 변화에 대한 둔감함이 쌓여 간다.

실제 사용자들의 경험이 이를 증명한다. 오픈서베이 조사에서 직장인들은 AI의 가장 큰 단점으로 '부정확한 답변으로 인한 신뢰도 저하'와 'AI에 대한 의존으로 스스로 생각하는 능력이 저하되는 사고 경직'을 꼽았다. 이는 단기적 효율성이 오히려 장기적으로는 조직의 핵심 역량인 인간 고유의 비판적 사고 능력을 잠식할 수 있다는 위험을 명확히 보여준다. 특정 프로세스에 과도하게 최적화된 조직은 예기치 못한 외부 충격에 극도로 약해지는 '조직적 취약성Organizational Fragility'을 갖게 된다.

운영체제 전환의 조건: 리더는 무엇을 준비해야 하는가?

인간 증강이라는 미래로 나아가기 위해 리더는 값비싼 AI 솔루션을 도입하는 것을 넘어, 조직의 근본적인 체질을 바꾸는 세 가지 핵심 기반을 다져야 한다.

데이터 성숙도와 거버넌스: 신뢰할 수 있는 AI의 전제

모든 AI 운영체제의 출발점은 데이터다. "쓰레기를 넣으면 쓰레기가 나온다Garbage In, Garbage Out"라는 컴퓨터 과학의 오랜 격언은 AI 시대에 더욱 중요해졌다. 신뢰할 수 없는 데이터로 학습한 AI는 편향된 결과를 낳고, 잘못된 의사결정을 유도하며, 조직에 심각한 리스크를 초래한다. 따라서 리더는 AI 도입에 앞서, 조직 내 데이터의 품질을 관리하고, 안전하게 활용하며, 윤리적 기준을 준수하는 명확한 데이터 거버넌스를 수립해야 한다. 이는 비용이 아닌, 미래를 위한 가장 확실한 투자다.

실험을 장려하는 심리적 안전감: 실패의 자산화

인간 증강 모델은 본질적으로 수많은 실험을 요구한다. 그러나 오픈서베이 리포트에 따르면, AI를 가장 깊이 있게 활용하는 전문가들조차 일자리 위협과 학습 부담을 크게 느낀다. 이러한 불안감 속에서는 누구도 과감한 시도를 할 수 없다. 리더는 구성원들이 AI를 활용해 새로운 시도를 하고, 그 과정에서 실패하는 것을 두려워하지 않는 조직문화, 즉 '심리적 안전감Psychological Safety'을 의도적으로 구축해야 한다. 실패는 문책의 대상이 아니라, 학습의 기회이자 조직의 자산으로 인정받아야 한다.

성과평가의 재설계: 무엇을 성공으로 인정할 것인가?

기존의 성과평가 시스템은 대부분 효율성을 측정하는 데 초점이 맞춰져 있다. 얼마나 빨리, 얼마나 적은 비용으로 과업을 완수했는가 하는 KPI^{Key Performance Indicator}(핵심 성과 지표)는 효율 극대화 운영체제를 강화할 뿐이다. 인간 증강을 유도하기 위해서는 성과평가의 기준 자체를 재설계해야 한다. 'AI와의 협업을 통해 얼마나 창의적인 해결책을 제시했는가? 의미 있는 실패를 통해 어떤 새로운 지식을 창출했는가? 동료의 AI 활용을 어떻게 도왔는가?'와 같은 새로운 지표가 필요하다. 이러한 새로운 가치를 측정하고 보상하는 시스템이 없다면 운영체제의 전환은 구호에 그칠 뿐이다.

시사점과 과제:
리더십의 재정의, 문화 설계자^{Culture Architect}의 3대 과제

2026년 이후, 기업의 운명은 어떤 AI 기술을 도입했느냐가 아니라, 어떤 '운영체제'를 선택하고 구축했느냐에 따라 갈릴 것이다. 그러나 현실은 녹록지 않다. 오픈서베이 리포트는 대부분의 직장인들이 여전히 회사의 체계적 교육이 아니라 개인의 자발적 노력에 의존해 AI 역량을 쌓고 있음을 보여준다. 이는 곧 많은 조직이 AI라는 새로운 운영체제의 설치를 사실상 방치하고 있다는 위험 신호다.

이러한 거대한 전환기 속에서 리더의 역할은 근본적으로 재정의되어야 한다. AI 시대의 리더는 더 이상 정답을 제시하는 '지시자Director'가 아니다. 시스템의 철학을 결정하고, 구성원들이 AI와 함께 최적의 답을 찾도록 환경을 조성하는 '문화 설계자Culture Architect'가 되어야 한다. 이 철학적 질문에 대한 답을 찾는 것은, AI 시대 리더에게 주어진 '3대 과제'이다. AI 시대 리더십의 재정의는 결국 다음 세 가지 근본 질문에 답하는 것에서 출발한다.

- **과제 1: 조직의 존재 이유를 재정의하라**
  우리 조직은 AI를 통해 예측 가능한 효율성을 추구할 것인가, 예측 불가능한 창의성을 추구할 것인가?

- **과제 2: 성공의 기준을 재설계하라**

우리 조직의 성공은 비용 절감과 속도로 측정될 것인가, 새로운 가치 창출과 인재의 성장으로 측정될 것인가?

- **과제 3: 인간과 AI의 관계를 정립하라**
  우리 조직에서 AI와 인간은 지시와 통제의 관계를 맺을 것인가, 신뢰와 협력의 관계를 맺을 것인가?

이 과제에 대한 답은 곧 조직의 평가, 보상, 소통 방식 등 모든 시스템의 설계로 이어져야 한다. 결국 선택지는 두 가지다. '효율의 함정'에 빠져 구성원의 자율성을 잃을 것인가, '증강의 미래'를 선택하여 인간과 AI의 시너지를 극대화할 것인가. 한국 직장인의 절반 이상이 이미 AI라는 새로운 엔진을 장착하고 달리기 시작한 지금, 그 선택의 시간은 더 이상 미래가 아니라 바로 지금 우리 앞에 와 있다.

<표 1> 기업 AI 도입 성숙도 모델

성숙도 단계	설명	전략적 초점	주요 도전 과제	특화 행동
1단계: 인식 및 산발적 사용	공식 전략 없이 개별 직원 수준에서 공개된 도구를 실험적으로 사용하는 단계	AI의 잠재적 가치 탐색 및 내부 인식 확산	중앙 통제 부재, 데이터 보안 위험, 일관성 없는 활용	경영진이 직접 생성형 AI 도구를 사용하여 업무 효율 개선 가능성을 체험
2단계: 기반 구축 및 실험	최초의 공식 파일럿 프로젝트를 시작하고 데이터 품질 문제에 대응하기 시작하는 단계 기본적인 사용 정책 수립	특정 비즈니스 문제 해결을 위한 명확한 사용 사례(Use Case) 발굴 및 ROI 측정	제한된 데이터 접근성, 기술 인력 부족, 성공 지표 정의의 어려움	정부의 AI/데이터 바우처 사업을 활용하여 초기 도입 비용 부담 완화
3단계: 운영 및 확장	특정 사업 부문에 AI가 통합되고, CoE(Center of Excellence, 전문가 조직)가 설립됨 AI TRiSM(AI Trust, Risk, and Security Management)과 같은 공식 거버넌스 도입	AI 솔루션의 전사적 확장 및 표준화 AI 거버넌스 체계 확립	부서 간 데이터 사일로, 기존 시스템과의 통합 문제, 변화 관리 저항	특정 부서(예: 마케팅)의 성공 사례를 전사에 공유하여 도입 확산의 동력으로 삼음
4.단계: 전략 및 재설계	AI가 핵심적인 다기능 워크플로우 재설계를 주도 AI가 최고 경영진의 주요 의제로 다뤄지며, 인간-기계 협업 문화가 조성	AI를 활용한 비즈니스 프로세스 혁신 및 경쟁 우위 창출	조직 구조의 경직성, AI 네이티브 인재 확보 경쟁, 전사적 데이터 리터러시 부족	AI 기반 자동화 도구를 활용해 핵심 운영 프로세스를 간소화하고 효율성 극대화
5단계: 혁신 및 자율화	AI가 새로운 비즈니스 모델을 창출하고, 에이전트 AI 시스템이 배치 지속적인 최적화와 학습이 조직 DNA에 내재화	AI를 통한 시장 파괴 및 새로운 가치 사슬 창출	예측 불가능한 AI 행동에 대한 통제, 고도의 윤리적 딜레마, 규제 불확실성	독점 데이터를 활용한 맞춤형 AI 서비스를 개발하여 틈새 시장을 공략

<표 2> 2025년 중소기업을 위한 고효율 AI 도구

비즈니스 기능	도구명	핵심 기능	구체적인 중소기업 활용 사례
마케팅 및 콘텐츠	Jasper AI	AI 기반 카피라이팅 및 콘텐츠 생성	블로그 게시물, 소셜 미디어 광고 문구, 이메일 뉴스레터 초안을 몇 분 만에 작성하여 콘텐츠 마케팅 생산성 극대화
	Pictory AI	텍스트 기반 비디오 자동 생성	블로그 글이나 보도자료 텍스트를 입력하여 홍보용 영상이나 소셜 미디어용 비디오 콘텐츠를 신속하게 제작
	Surfer SEO	AI 기반 SEO 콘텐츠 최적화	특정 키워드로 상위 노출된 경쟁사 콘텐츠를 분석하고, SEO 점수를 실시간으로 확인하며 검색 엔진에 최적화된 글 작성
고객 서비스 및 영업	ChatGPT for Business	대화형 AI 챗봇 및 자동 응답	웹사이트에 24시간 응대 가능한 챗봇을 설치하여 기본적인 고객 문의에 즉시 답변하고, 잠재 고객 정보를 수집
	Tidio	라이브챗 및 AI 챗봇 통합 플랫폼	방문자 행동에 기반한 개인화된 메시지를 자동으로 전송하고, 자주 묻는 질문(FAQ)에 대한 답변을 자동화
워크플로우 및 운영 자동화	Zapier AI	노코드(No-code) 앱 연동 및 자동화	'새로운 고객이 구매하면, 자동으로 Slack에 알림을 보내고 회계 장부에 기록해줘'와 같은 자연어 명령으로 업무 자동화 설정
	Notion AI	지식 관리 및 문서 작업 자동화	회의록을 자동으로 요약하고, 프로젝트 관련 자료를 정리하며, 내부 위키 및 지식 베이스를 손쉽게 구축 및 검색

비즈니스 기능	도구명	핵심 기능	구체적인 중소기업 활용 사례
생산성 및 관리	Grammarly	AI 기반 글쓰기 교정 및 제안	이메일, 제안서 등 모든 비즈니스 문서의 문법, 철자, 톤앤매너를 실시간으로 교정하여 전문적인 커뮤니케이션 유지
생산성 및 관리	Reclaim.ai	AI 기반 스마트 일정 관리	팀원들의 캘린더를 분석하여 회의, 집중 업무, 휴식 시간을 최적으로 자동 배정하여 팀 전체의 생산성 향상
소프트웨어 개발 (기술 기반)	Claude	코드 생성 및 설명	복잡한 코드의 기능을 평이한 언어로 설명받거나, 특정 기능에 대한 코드를 생성하여 개발 속도 및 코드 품질 향상
소프트웨어 개발 (기술 기반)	GitHub Copilot	AI 코딩 어시스턴트	개발자가 코드를 작성하는 동안 다음 코드를 실시간으로 예측하고 제안하여 코딩 시간을 단축하고 오류를 줄임

4
리더십
리더십 패러다임의 전환, 새로운 리더십을 요구하다

격변의 시대, 새로운 리더십이 필요하다

오늘날 우리는 리더십의 정의와 역할 자체가 재구성되는 전환기를 맞고 있다. 과거 경력 발전의 경로로 여겨졌던 리더의 자리가 이제는 '리더 포비아' 현상과 함께 구성원들이 기피하는 자리로 변하고 있다. 동시에 리더에게 요구되는 조건도 예전과는 전혀 다른 양상을 보인다. 하이브리드 근무 환경, AI와의 협업 등 급변하는 사회·기술적 변화에 적응하는 능력이 이제 리더의 핵심 역량으로 떠올랐다. 이 변화는 전통적인 리더십 모델만으로는 더 이상 충분하지 않음을 분명히 보여준다. 리더십은 새로운 패러다임 아래에서 다시 정의되어야 한다.

리더 포비아Leaderphobia의 확산

최근 많은 조직에서 충격적인 현상이 발견되고 있다. 바로 리더십 기피 현상, 일명 리더 포비아의 확산이다. 컨설팅 기업 로버트 월터스Robert Walters의 조사에 따르면 2030세대의 52%가 중간관리직 역할을 원치 않으며, 70%는 이를 "높은 스트레스, 낮은 보상"으로 인식하고 있다. 이는 단순한 세대적 특성을 넘어, 리더십 자의 가치와 매력에 대한 근본적 재평가를 의미한다.

여러 글로벌 리더십 보고서에서도 같은 흐름이 확인된다. 2030세대는 이전 세대 대비 본인 삶의 질을 위해 리더십 역할을 기피하는 것으로 나타났다. 이들은 전통적인 기업 계층 구조를 거부하고, 수평적이고 팀 기반의 조직 구조를 선호한다.

이러한 현상 뒤에는 기존 리더들의 조직 생활을 목격한 새로운 세대의 학습된 회피Learned Avoidance가 자리한다. 그들은 선배 세대가 조직에 충성했음에도 불구하고 번아웃, 해고, 경제적 불안에 시달리는 모습을 지켜보았다. 따라서 '리더가 되어 다른 사람을 관리하는 역할'보다는, 자신의 브랜드와 경력 개발에 시간을 투자하는 것을 더 합리적 선택으로 여기는 것이다.

리더십 확보의 구조적 위기

리더 포비아 현상과 맞물려 조직들은 지금 심각한 리더십 파이프라인 위기에 직면하고 있다. 포춘의 2025년 조사에 따르면, MZ세대 관리자들은 공식적인 리더십 교육조차 충분히 받지 못한 채 관리직에 올라섰다. 그 결과 다세대 팀을 이끌거나 급격한 조직 변화에 대응하는 데 큰 어려움을 겪고 있다. 상황은 더욱 악화되고 있다. 최근 몇 년 사이 관리자 1인당 직속 부하직원 수가 두 배 가까이 늘어나며 관리의 폭Span of Control이 한계를 넘어선 사례가 속출하고 있다. 리더들의 부담을 감당하기 어려운 수준까지 커진 것이다.

디지털 시대에 들어서며 리더십 확보의 위기는 조직의 존망을 가를 정도로 심각한 수준이 되었다. 가트너Gartner의 '디지털 시대 리더십' 연구는 경영진 3분의 1이 차세대 리더 부족을 조직의 가장 큰 위협으로 꼽았다고 보고한다. 더욱 우려되는 점은 중간관리자의 68%가 "리더 역할을 수행할 준비가 되지 않았다"고 스스로 인정했다는 사실이다. 이는 단순한 인재 부족이 아니라, 조직의 생존과 성장을 직접적으로 위협하는 구조적 리더십 위기상황임을 보여준다.

│ 리더 가면증후군의 심화

리더 기피 현상과 리더십 확보의 어려움과는 반대로, 최근 리더가 된 사람들 사이에서는 리더 가면증후군Leader Imposter Syndrome이 심화되고 있다. 이는 리더가 자신의 성공을 운이나 우연의 결과라고 여기며, 언젠가 무능함이 드러날까 두려워하는 심리적 상태를 말한다.

특히 준비되지 않은 상태에서 관리직에 오르는 경우가 많은 MZ세대 리더들에게 이 현상이 두드러진다. 다세대가 혼재된 팀을 이끌며 빠르게 변하는 환경에 대응하는 과정에서 자신이 충분히 자격 있는 리더인지 끊임없이 의심하게 되는 것이다. 이런 불안은 곧 "내가 이 자리에 어울리지 않는다"는 생각으로 이어지며 판단과 의사결정에 대한 자신감을 약화시킨다.

리더 가면증후군은 개인 차원의 불안으로 끝나지 않는다. 이는 리더의 번아웃을 가속화하고 더 나아가 조직 전체에 부정적 파급 효과를 낳는다. 가면증후군을 겪는 리더는 중요한 결정을 미루거나, 자신의 약점을 감추기 위해 팀원과의 소통을 회피할 수 있다. 그 결과 조직의 심리적 안전감은 약화되고, 혁신을 위한 도전적 분위기는 꺼져버린다.

리더의 번아웃 현상

리더 가면증후군과 함께 주목해야 할 또 다른 문제는 리더의 번아웃이다. 글로벌 컨설팅 회사 DDI^{Development Dimensions International}의 2025년 연구에 따르면 리더의 71%가 역할 수행에 있어 상당한 스트레스를 경험하고 있으며, 단 30%만이 자신의 책임을 충분히 수행할 시간이 있다고 답했다. 흥미롭게도 C레벨 리더의 67%가 "자신의 업무가 목적과 연결되어 있다"고 느꼈는데, 이는 2020년 62%에서 상승한 수치다. 반면 중간관리자와 현장 리더들은 목적의식이 현저히 약화된 것으로 나타났다.

번아웃의 징후는 실제 데이터에서도 확인된다. 글래스도어 Glassdoor의 2025년 자료에 따르면, 번아웃에 대한 언급이 전년 대비 73% 급증했으며, 이는 수년간의 구조조정과 인력 부족으로 남은 직원들에게 부담이 누적된 결과를 반영한다.

특히 밀레니얼 세대 관리자가 '샌드위치 세대'로 진입하며, 윗세대의 기대와 아랫세대의 요구 사이에서 경력 압박과 개인적 부담을 동시에 감당해야 하는 이중의 짐을 지고 있다. 여기에 직속 부하직원 수 증가에 따른 관리의 폭이 한계를 넘어서면서 많은 리더들이 "모든 팀원을 제대로 관리하고 지원하기 어렵다"는 무력감 속에 탈진 상태로 내몰리고 있다.

이러한 현상을 어떻게 바라볼 것인가?

관점 1: 긍정적 징후 vs 부정적 징후

모든 현상에는 빛과 그림자가 공존한다. 최근 조직에서 나타나는 리더십 관련 변화 역시 단순히 위기와 암울한 미래로만 해석할 수는 없다. 오히려 여기에는 새로운 조직 성과의 가능성과 경고 신호가 동시에 담겨 있다.

긍정적 징후는 공감적 리더십과 리더의 감성지능[티]에 대한 관심이 급격히 높아지고 있다는 점이다. 여러 연구들은 공감적 리더십이 구성원의 직무 만족도를 높이고, 강력한 코칭문화를 가진 조직이 그렇지 않은 조직보다 더 높은 경영 성과를 낸다고 보고한다.

특히 AI 기술이 심화될수록 반대로 인간적 역량인 EI의 중요성이 부각되고 있는데, 이는 새로운 시대의 조직문화를 조성하는 데 긍정적인 흐름이라 할 수 있다.

반면 부정적 징후는 리더십 역할 기피 현상이 심화되고 있다는 점이다. CCL Center for Center for Creative Leadership의 연구에 따르면, 2030세대의 41%가 미래에 리더가 되기를 원하지만, 가장 큰 개인적 장벽으로 '심리적 안전감 부족'을 꼽았다. 리더 스스로 심리적 안전감을 갖지 못하면 팀원들에게도 이를 제공하기 어렵다. 그 결과 리더십의 악순환이 발생하고, 차세대 인재들에게 리더 역할이 매력적이지 않게 인식되는 것이다.

관점 2: 사회적 배경 이해하기

리더십 이슈들의 배경에는 복합적인 사회적 요인들이 자리하고 있다.

첫째, 세대적 경험이다. 대침체 Great Recession와 팬데믹을 겪은 젊은 세대는 직장에 대해 냉소적인 시각을 갖게 되었고, 이러한 경험이 조직과 일에 대한 관점을 규정하고 있다.

둘째, 경력 대안의 다양화다. 긱 이코노미, N잡러, 기술 기반 프로젝트 업무의 부상으로, 굳이 보스가 되지 않아도 경력 만족과 재정적 안정을 달성할 수 있는 경로가 넓어졌다. 전통적 의미의 리더십 자리만이 성공의 길이라는 인식이 약화된 것이다.

셋째, 일과 가치관의 변화다. 소셜미디어와 재택근무 확산은 과거에는 존재하지 않던 새로운 직업군을 만들어냈고, 이들 중 상당수는 평균적인 기업 업무보다 더 수익성 있고 가치 있는 일로 인식되고 있다. 이러한 변화는 젊은 세대가 리더가 되는 길보다 자신만의 커리어 및 브랜드 구축에 더 매력을 느끼게 만드는 배경이 된다.

관점 3: 이전 대비 주목할 차이

최근 리더십 트렌드는 팬데믹 이전과 비교할 때 근본적인 패러다임 전환을 보여준다. 과거에는 승진과 관리직 진출이 자연스러운 경력 발전 경로로 인식되었지만, 이제는 리더십을 거부하는 것이 오히려 의식적이고 전략적인 선택으로 여겨지고 있다는 점이다.

위계적이고 권위적인 전통적 리더십 모델이 더 이상 통용되지 않는다. 대신 인간 중심적 접근, 감성 지능, 그리고 새로운 기술에 대한 적응성이 리더의 필수 역량으로 부상하고 있다. 또한, 조직 내 리더 집단을 보면 이미 새로운 세대가 절반 이상을 차지한다. 이는 리더십에 대한 양가적 감정을 반영한다. 리더가 되는 것을 피하고 싶어 하는 마음은 분명 존재하지만, 동시에 경력의 흐름 속에서 리더 계층에 진입할 수밖에 없는 현실이 공존하는 것이다. 이 지점은 조직문화와 성과를 이해하는 데 매우 중요한 시사점을 던진다.

관점 4: 트렌드 파악의 중요성

리더십 트렌드를 제대로 이해하는 것은 이제 조직의 생존과 직결되는 문제다. 연구에 따르면 많은 구성원들이 회사를 떠나는 가장 큰 이유는 조직 자체가 아니라 나쁜 리더십 때문이다. 이는 곧 리더십의 수준이 조직문화의 질을 좌우하고, 나아가 지속가능성을 결정짓는 핵심 요소임을 보여준다.

따라서 차세대 리더를 확보하지 못하거나 변화하는 리더십 요구에 적응하지 못하는 조직은 곧 미래 경쟁력 자체를 잃을 위험에 직면하게 된다. 리더십 트렌드를 읽고 대응하는 일은 더 이상 선택이 아니라, 지속 가능한 성장을 위한 필수 과제다.

2025 핵심 변화와 트렌드

리더십 재정의: 권위에서 영향력으로

코너스톤^{Cornerstone}의 카리나 코르테즈^{Carina Cortez} CPO는 "Z세대는 리더십을 거부하는 것이 아니라 재정의하고 있다"고 분석했다. 새로운 세대가 원하는 리더십은 명령과 통제가 아닌, 촉진과 임파워먼트에 기반한다. 따라서 리더십의 새로운 정의는 다음과 같은 특징을 가진다.

- 위계적 권위보다는 전문성 기반의 영향력 중심의 리더십
- 관리와 통제보다는 코칭과 멘토링 중심의 접근
- 개인적 성장과 팀의 성공을 동시에 추구하는 통합적 관점

이는 전통적인 '경력 사다리 오르기' 방식에서 '플랫폼 구축하기' 방식으로의 근본적 전환을 의미한다. 새로운 세대는 심리적 안전감, 자율성, 의미 있는 일에 기반한 환경을 선호한다. 실패를 통한 계산된 위험 감수를 혁신의 일부로 받아들이고, 공식 직함을 갖기 전에도 비공식적 리더십 발휘를 즐겨한다. 따라서 리더 포비아

나 가면증후군은 더 이상 단순한 문제로만 보아서는 안 된다. 오히려 전통적인 리더십 역할과 젊은 세대가 실제로 원하는 경험 사이의 단절을 인정하고 이를 해소하는 기회로 삼아야 한다.

조직은 전통적 중간관리직을 '불필요한 관리 계층'이 아니라 팀을 임파워하는 촉진자로 전환해야 한다. 이른바 '언보스드 문화 Unbossed Culture'를 조성해야 하는 것이다. 구체적으로는 성장 마인드셋 장려, 팀 임파워먼트를 통한 자율적 의사결정 권한 부여, 데이터 기반 의사결정 문화 구축, 혁신의 장애물 제거, 비전과 목적의 일치 등을 통해 시대에 맞는 리더십 문화를 만들어야 한다. 또한 앞으로는 AI와 협업하는 새로운 리더십 모델에 대한 구체적 논의가 이어질 것이다. 지금은 다소 막연하게 보일 수 있지만, AI와 리더십의 결합은 조직의 리더십 풍토를 혁신적으로 바꿀 잠재력을 지니고 있다. 이에 대한 구체적인 대응 전략이 필요한 상황이다.

│ AI 협업 리더십 모델

앞으로의 리더십은 급변하고 복합적인 환경에서 효과적으로 조직을 관리하는 능력이 핵심이 될 것이다. 글로벌 기업들의 성공 사례에서 보듯이, 리더는 상황에 맞는 유연성과 조직의 생산성을 균형 있게 조화시켜 궁극적으로 결속력 강한 조직문화를 유지해야 한다.

특히 AI 기술이 가속화되는 지금, AI 협업 리더십 모델은 더 이상 선택이 아니라 필수다. AI가 자동화와 데이터 처리를 담당하는 동안, 리더는 창의적 사고, 복합적 판단, 문제 해결, 감정적 소통에 집중해야 한다. 새로운 환경에서 리더의 역할은 통제가 아니라, 기술을 활용해 구성원들이 더 깊이 연결될 수 있는 협업 환경을 만드는 것으로 전환되어야 한다. 구성원들의 자기주도적 동기부여를 통해 성과를 나타낼 수 있도록 환경을 구축하는 리더십이 더욱 중요해지고 있다.

이를 위해 리더들은 AI 리터러시 단계를 넘어 조직 관리·성과관리·사람 관리를 유기적으로 수행할 수 있는 AI 활용 전문성을 빠르게 확보해야 한다. AI를 통해 얻어진 시간과 자원은 AI가 대체할 수 없는 인간 고유의 소프트 스킬을 확장하고 강화하는 데 투자해야 한다.

새로운 시대의 리더십 파이프라인

전통적인 단선적 승진 경로만으로는 더 이상 충분하지 않다. 그동안 많은 조직들이 리더십 위계 조직에서 수평적인 조직으로의 변화에 많은 집중을 했지만, 이제는 그보다 훨씬 복잡한 요인들이 작동하며 다양한 리더십 체계를 요구하고 있다. 2030세대의 72%가 관리직보다 개인적 성장과 특정 기술 개발에 초점을 맞춘 개별화된 접근을 선호한다는 점은 이를 잘 보여준다. 따라서 조직은 전문가 트랙, 프로젝트 기반 리더십, 영향력 기반 리더십 등 다양한 대안 경로를 제시해야 한다.

효과적인 리더십은 스타일이 아니라 실질적 신뢰에 달려 있다. 모든 세대가 바라는 것은 믿을 수 있는 리더이며, 세대 차이는 대부분 오해와 소통의 문제에서 비롯된다. 그렇기 때문에 경험 많은 리더와 신세대 리더를 연결하는 멘토링 프로그램이 필요적이다. 이를 통해 지식과 경험의 격차를 메우고, 새로운 리더의 자신감을 구축해야 한다.

특히 승진, 주요 프로젝트, 직무 전환과 같은 결정적 경력 순간에 구조화된 지원을 제공하는 것이 핵심이다. 연구에 따르면 새로운 리더의 3분의 1이 첫해에 스스로의 성공 가능성에 대해 확신하지 못한다. 따라서 단순한 90일 계획을 넘어 포괄적인 온보딩과 지속적인 멘토링 프로그램을 제공해야 한다.

| 감성 지능의 중요성 부상

다니엘 골먼Daniel Goleman이 감성 지능을 "핵심적인 리더십 기술이자 조직 성공의 최고 지표"라고 정의한 이후, 감성 지능은 리더십의 필수 역량으로 자리 잡아 왔다. 특히 하이브리드 근무 환경에서 스트레스 관리, 갈등 해결, 팀 결속력 확보에 있어 감성 지능은 더욱 중심적인 역할을 한다.

최근에는 리더들의 구성원 웰빙에 대한 책임이 리더십의 핵심 과제로 부상했다. 리더는 구성원의 감정적 웰빙을 우선시하며, 열린 대화와 포용적 환경을 조성해야 한다. Aon의 연구에 따르면, 구성원의 건강도가 개선되면 조직 생산성이 최대 55% 향상된다고 한다. 하지만 현실은 여전히 부족하며, 이는 조직 차원에서 반드시 집중해야 할 영역임을 시사한다.

따라서 기존의 스킬 중심 리더십 개발은 한계가 있다. 앞으로는 감성 지능, 대응 메커니즘, 리더의 품격을 함양하는 체계적 리더십 개발이 필요하다. 이는 개념적 인식, 실습, 코칭, 강화가 결합된 다각적 접근법이야 하며, 진단·디브리핑, 개별 및 그룹 코칭 세션 등을 활용한 지속적 프로그램으로 운영되어야 한다.

무엇보다 리더와 구성원의 웰빙 관리가 팀 관리의 전제 조건이 되어야 한다. 디지털 도구와 생성형 AI로 업무 생산성이 크게 향상된 지금, 정서적 생산성이 뒷받침되지 않는 조직은 더 이상의 발전을 기대하기 어렵다. 웰빙 관리는 신체 건강, 심리적 안전, 정서 관리까지 포함해야 하며, 이는 2026년의 새로운 도전을 헤쳐 나가는 데 핵심적인 기반이 될 것이다.

가치관 기반 의사결정의 확산

가치 기반의 리더십은 더 이상 일시적인 트렌드가 아니라, 조직 생존을 위한 필수 전략으로 자리 잡고 있다. 특히 2030세대는 일에서 의미를 찾는 것을 최우선으로 삼는다. 이들의 조직 유입이 가속화되는 상황에서 리더십은 그들의 요구를 외면할 수 없다.

따라서 리더는 단순한 관리자가 아니라, 구성원이 업무 속에서 의미를 발견하도록 돕는 촉진자가 되어야 한다. 이를 위해 리더는 업무의 맥락과 배경을 명확히 설명하고, 구성원이 스스로 이해할 수 있도록 돕는 커뮤니케이션 역량을 강화해야 한다.

가치관은 리더의 의사결정 체계와 직결된다. 리더는 조직의 핵심가치와 연결된 자신의 가치관을 분명히 정의하고, 이를 바탕으로 일관된 의사결정을 내려야 한다. 특히 구성원과의 의미 있는 대화를 통해 가치관, 업무 성취감, 학습과 성장에 대해 상시 소통하는 리더의 열린 자세가 앞으로 더욱 중요해질 것이다.

향후 과제와 전망

리더십의 본질과 패러다임 변화와의 사이에서 균형점을 찾자

이러한 변화 흐름은 2026년에도 지속될 것으로 전망된다. 리더 포비아나 리더 가면증후군과 같은 현상은 단순한 세대적 특성이 아니라, 기존 리더십 모델의 한계를 드러내는 구조적 신호로 보아야 한다. 따라서 조직은 전통적인 리더 승계 방식을 넘어 새로운 리더십 개발 모델을 구축해야 한다.

리더십은 플랫폼으로 진화할 것이다. 더 이상 경력의 사다리가 아니라, 조직 내 영향력, 비즈니스 임팩트, 코칭을 제공하는 플랫폼으로 포지셔닝하는 것이 인재 확보에서 차별적 경쟁력이 될 것이다. 이 과정에서 감성 지능, 커뮤니티 구축, 목적 의식은 리더십 개발의 핵심 표준으로 자리 잡을 전망이다.

2026년 리더십의 핵심 과제는 세 가지 균형점에 있다.

첫째, 리더 기피 현상과 조직의 리더십 필요성 사이의 균형이다. 새로운 세대가 원하는 리더십 모델을 수용하면서도 조직 운영에 필요한 리더십 역할을 채울 수 있는 창의적 해결책을 찾아야 한다.

둘째, 기술과 인간성의 균형이다. AI가 업무를 바꾸는 시대에 리더는 기술을 활용하면서도 인간적 가치를 보존하는 방법을 찾아야 한다.

셋째, 성과와 웰빙의 균형이다. 리더와 구성원의 번아웃을 방지하면서도 조직의 목표를 달성할 수 있는 지속가능한 리더십 모델을 구축해야 한다.

리더십 개발의 미래 방향성은 개인화된 접근법과 심리적 안전감 구축에 있다. 각 리더의 고유한 상황과 강점, 도전과제에 맞는 맞춤형 개발 계획이 필요하며, 지속적인 피드백과 코칭을 통한 성장 지원 시스템이 구축되어야 한다. 특히 심리적 안전감을 바탕으로 한 학습과 성장 환경을 조성하는 것이 차세대 리더 육성의 핵심 요소가 될 것이다.

마지막으로 리더십의 위기로 보이는 다양한 현상들은 단순한 문제라기보다 기존 리더십 모델의 실패를 알리는 조기 경보 시스템으로 인식하는 것이 중요하다. 이를 위기가 아닌 새로운 리더십 문화를 구축할 기회로 인식할 때, 조직은 미래 인재 경쟁에서 우위를 점할 수 있다.

5

성과관리

통제에서 성장으로! OKR이 바꾸는 성과관리

성과관리의 새로운 패러다임으로 부상한 OKR

현대 기업 경영에서 성과관리는 단순한 직원 평가 절차를 넘어, 미래 성과를 예측하고 조직 역량을 강화하는 핵심 과정으로 부상하고 있다. 특히 인텔에서 시작되어 구글의 사례를 통해 널리 알려진 OKR$^{\text{Objective and Key Results}}$ 기법이 국내외를 막론하고 성과관리의 새로운 표준으로 주목받고 있다.

글로벌 리서치 전문 조직인 글로벌 그로스 인사이트$^{\text{Global Growth Insights}}$의 OKR 소프트웨어 시장 규모 조사에 따르면, 현재 미국 포춘Fortune 500 기업의 70% 이상이 OKR 방법론을 사용한다. 한국 기업들 사이에서도 OKR 도입이 일종의 대유행처럼 번지며 대기업부터 스타트업까지 폭넓게 확산되었고, 전통적인 연공서열식 평가에서 벗어나 목표 중심의 애자일Agile 경영으로 전환하려는 움직임이 활발하다.

현상과 징후: OKR 확산의 양면성

핵심 현상 1: 국내 전역으로 퍼진 OKR 열풍

2025년 성과관리의 가장 두드러진 특징은 OKR 기법의 폭넓은 확산이다. 기업 규모나 산업을 불문하고, 수많은 한국 기업들이 성과관리 체계로 OKR을 도입했거나 적극 검토하고 있다. 실제로 국내 HR 업계에서는 "2020년대에 들어 OKR이 기업 규모를 막론하고 대유행처럼 번지고 있다"는 말이 나올 정도다.

이 열풍은 IT 테크 기업을 넘어 금융, 제조, 유통 등의 산업까지 확산됐다. 전통적으로 변화에 신중한 은행권에서도 OKR 도입은 예외가 아니다. 신한은행은 실리콘밸리식 OKR을 시범 도입해 "높은 이상적 목표를 설정하고 단기간의 성과를 지속적으로 점검

하는 방식"을 실험했다. 신한은행 관계자는 과거 전형적 방식인 "전년 대비 10% 실적 상향" 목표는 외부 환경 변화 시 목표 달성이 불가능해져 사기가 저하됐지만, OKR 도입 이후에는 "실현 불가능해 보일 정도의 이상적인 목표를 설정하고 지속적으로 점검하는 방식이 조직에 활력을 준다"고 설명한다.

대기업에서도 변화는 뚜렷하다. SK그룹, 한화그룹 등 주요 기업들이 앞다투어 OKR을 새로운 성과관리 체계로 도입했으며, 버드뷰, 샌드박스네트워크, 당근마켓 등 유망 스타트업들 또한 OKR 기반의 목표 관리로 성과를 창출하고 있다. 특히 스타트업은 창업 초기부터 OKR을 기반으로 목표를 설정하고 소통하며 비즈니스를 발전시켜 가기 때문에 OKR 도입과 활용 면에서 기존 기업들에 비해 훨씬 자연스럽다. 이처럼 OKR은 이제 한국 기업 성과관리에서 사실상 새로운 표준으로 자리매김하고 있다.

핵심 현상 2: 성과관리의 애자일화

두 번째 특징은 성과관리 프로세스의 애자일화다. 이는 목표 설정과 평가 주기의 획기적 단축을 의미한다. 과거에는 연 1회 성과를 평가하고 연말에 보상을 결정하는 MBO$^{\text{Management by Objectives}}$식

관리가 일반적이었으나, 최근에는 분기 단위로 목표를 수립하고 진행 상황을 수시로 모니터링하는 OKR식 관리로 변화하고 있다. 이러한 변화는 급변하는 경영 환경에 대응하려는 기업들의 요구와 맞물려 있다. 아모레퍼시픽 관계자는 "코로나19와 디지털 전환을 겪으면서 연 단위 정밀 기획은 무의미해졌다. 이제는 시장 변화를 실시간으로 감지하고 대응Sensing-Responding하는 시대가 됐다"고 분석한다.

뷰티 플랫폼 기업 '강남언니'는 OKR의 사이클에 맞춰 분기마다 회사 및 팀별 새로운 목표를 공유하는 '얼라인먼트 데이Alignment Day'를 운영한다. 초기에는 분기마다 목표를 재설정하고 점검하는 일이 직원들에게 혼란과 부담으로 다가왔지만, 1~2년이 지나자 조직은 완전히 다른 모습으로 탈바꿈했다. 담당자는 "짧은 주기의 목표 설정 – 실행 – 평가 사이클과 상시 피드백 문화가 정착되면서, 직원들도 연초에 세운 목표를 1년 내내 붙잡고 있는 대신 상황에 맞게 수시로 우선순위를 조정하고 학습하는 업무 방식으로 일하게 됐다"고 긍정적으로 평가한다. 결국 최근 성과관리 트렌드는 기민하고 유연한 목표 관리로 요약된다. 이는 급변하는 시장 환경에서 조직의 생존과 성장을 지원하는 긍정적 특징으로 자리 잡고 있다.

핵심 현상 3: KPI와의 병행 운영 및 문화적 충돌

세 번째 특징은 OKR 도입 과정에서 발생하는 기존 성과관리 시스템과의 병행 운영, 그리고 조직문화적 충돌이다. 많은 기업이 OKR을 도입하면서도 전통적 성과지표인 KPI^Key Performance Indicator를 완전히 버리지 못해 혼용하는 경우가 흔하다. 실제 현장에서는 "우리도 OKR 해봤는데 KPI랑 뭐가 다른지 모르겠다", "KPI도 있는데 왜 또 새로운 걸 하나요?"와 같은 반응이 나오곤 한다.

일부 성장하는 기업들은 OKR과 KPI의 장단점을 조합해 활용한다. 예컨대 OKR은 조직의 비전과 방향을 설정하고 협업·소통을 촉진하는 데, KPI는 개인별 세부 성과를 측정·분석하는 데 사용하는 방식이다. 이는 장기적 혁신과 단기적 성과라는 '두 마리 토끼'를 잡으려는 실용적 접근으로 볼 수 있다.

그러나 동시에 이러한 병행 운영은 OKR에 대한 오해와 시행착오를 드러내기도 한다. 많은 기업들이 OKR을 단순히 성과 평가나 보상과 연계된 도구로 오인하여, 기존 MBO에 이름만 바꿔 붙인 형태로 운용하는 오류를 범하고 있다. 국내 한 컨설팅 회사는 "기업들이 OKR을 MBO와 동일한 성과 평가 도구로 착각해 도입한 대부분의 사례가 실패했다"고 지적한다. 실제 사례에서도 어설픈

OKR 도입은 보고서 양식만 늘어나고, 실질적 문화 변화 없이 형식적 부담만 가중되는 결과를 낳았다.

이러한 한계는 한국 기업문화에 뿌리 깊은 상명하복식 목표 설정 방식이나, '성과는 곧 보상'이라는 연계 관행과 OKR 철학 간 충돌에서 비롯된다. 예컨대 OKR의 핵심은 도전적 목표 설정과 자율적 실행에 있는데, 구성원 입장에서는 목표를 높게 잡을수록 달성 가능성이 낮아져 인센티브 보상이 줄어들 것이라는 우려가 생긴다. 결국 보상과의 연결고리를 완전히 끊지 못하면 OKR은 제대로 작동하지 않는다.

이와 같이 OKR 열풍 속에서도 한국 기업들의 핵심 과제는 KPI 중심 문화와 OKR 철학 간의 간극을 어떻게 메울 것인가라는 질문으로 귀결되고 있다.

발견 1: 긍정적 징후(성과 향상과 조직문화 변화)

한편으로. OKR 확산은 여러 시행착오와 과제를 드러내는 동시에, 성과 향상과 조직문화 변화라는 긍정적 징후도 곳곳에서 관찰되고 있다. 먼저, 구성원의 몰입도와 목표 달성 의지가 높아지는 변화가 보고된다. 국내 한 스타트업 인사담당자는 "OKR 도입 후 팀원들이 함께 아이디어를 내고 주간 목표를 세우며, 소통과 협력의 문화로 변화됐다"고 전했다. 실제 성공 사례를 살펴보면, OKR이 조직 성과 향상에 기여한 정량적 지표도 눈에 띈다.

한화금융그룹의 경우 디지털 전환을 선포하며 그룹 차원에서 OKR을 도입했는데, 한화생명은 OKR 도입 첫해 당기순이익이 전년 대비 72% 증가하는 뛰어난 실적을 기록했다. 한화생명 관계자는 언론 인터뷰에서 "OKR 도입 이후 목표관리 일정이 단축되었다"며, 신속한 목표 설정·점검이 실적 개선을 이끈 주 요인 중 하나였다고 평가했다.

또 다른 사례로 NH투자증권은 영업조직에 OKR을 도입한 후, 사상 처음으로 순이익 5,000억 원대를 돌파하는 성과를 거두었다. NH투자증권 사장은 KPI 위주의 체계가 민첩한 고객 대응을 저해한다고 보고 영업사원의 KPI에서 일부 재무지표를 배제하며 본질적인 도전을 독려한 바 있다. OKR 도입 이후에는 "처음엔 '될까?' 하던 직원들이 점점 OKR에 확신을 갖게 되고 조직 전반으로 퍼져나갔다"고 회사 관계자가 밝히기도 했다.

이처럼 OKR을 통한 분기별 목표 공유와 투명한 성과 추적은 구성원의 동기부여를 높이고, 결국 매출·이익 등 실적 향상으로도 이어지는 긍정적 징후로 나타나고 있다. 나아가 구성원들이 도전적인 목표 달성 과정에서 혁신과 학습을 거듭하면서 조직문화 자체가 변화했다는 증언도 많다.

OKR의 확산은 조직에 새로운 활력과 성과 향상 가능성을 불어넣는 긍정적 시그널을 보여주고 있다.

발견 2: 부정적 징후(초기 실패 사례와 정착의 어려움)

OKR 열풍의 이면에는 부정적 징후나 실패 사례도 분명히 존재한다. 모든 기업이 구글처럼 OKR을 성공적으로 안착시킨 것은 아니며, 도입 이후 오히려 혼란을 겪은 경우도 적지 않다. HR 컨설팅 기업 아인스파트너는 국내에 OKR이 처음 소개되었을 때 많은 기업들이 MBO나 KPI를 OKR로 전환했지만, "약 5년이 지난 현재 OKR 도입 기업 모두가 성공한 것은 아니며, 일부는 성장에 제동이 걸리거나 핵심 인력이 퇴사하는 등 혼란을 겪었다"고 지적한다.

실제 글로벌 사례에서도 초기 OKR 도입에 실패한 경우들이 보고된다. 예컨대 실리콘밸리의 대표적 성공 기업으로 알려신 구글 역시 초창기에는 모든 팀에 OKR을 일괄 강제 적용했다가 목표 수가 너무 많고 불명확해 구성원의 불만을 초래했고, 이후 팀별 자율

적용으로 전환한 후에야 안정적으로 정착시킬 수 있었다. 미국의 온라인 게임업체 징가Zynga는 혁신적인 게임 아이디어로 급성장하던 기업이었으나, OKR 도입 후 지나치게 정량적 목표에만 집중하게 되어 직원들이 수치 달성에 급급한 나머지 창의성이 억압되고 불만이 커지는 부작용을 겪었다.

패션기업 보노보스Bonobos는 목표 설정을 경영진이 일방적으로 주도한 결과, 현장과 동떨어진 목표가 내려와 직원들의 공감대를 얻지 못하고 실패했다. 백화점 체인 시어스Sears는 부서별 OKR이 따로 놀며 리더십의 일관된 지침이 부족하여 조직문화가 붕괴되는 등 성과를 보지 못했다. 심지어 모빌리티 서비스 제공업체 우버Uber의 경우에는 OKR이 사내의 지나친 경쟁과 비윤리적 행동을 부추겨 조직 신뢰도를 해치는 결과로 이어졌다는 평가도 있다.

국내에서도 OKR 도입에 대한 냉정한 시각이 존재한다. 솔브릿지 국제경영대학의 한준기 교수는 "낯선 한국 땅으로 입양된 OKR이 제대로 둥지를 틀지 못한 모습"이라며 많은 경영자·HR 담당자들이 속으로는 OKR 운영에 만족하지 못하고 있음을 지적하며, '몸에 맞지 않는 옷'이라면 재고해 보는 것도 필요하다고 말한 바 있다. 실제로 OKR을 조직에 도입해 나름 열심히 운영하는 기업들 사이에서도 아직은 여러 면에서 결과가 만족스럽지 못하다는 말이

나온다. 이는 당연하게도 "우리만의 효과적인 성과관리 제도로 정착하려면 어떻게 해야 하는가?"에 대한 고민으로 이어지고 있다.

결국 OKR 열풍 속에서 드러난 시행착오 사례들은 OKR이 만병통치약이 아님을 보여준다. 또한 기존 문화와의 충돌을 해소하고 제대로 정착시키기까지는 상당한 노력과 시간이 필요하다는 점을 분명히 시사한다.

2025 주요 동향과 트렌드

변화 1: 성과관리의 본질이 이동하고 있다

(통제와 평가에서 동기부여와 성장으로)

OKR의 확산과 함께 성과관리의 근본적인 패러다임 변화가 진행되고 있다. 과거 성과관리는 연말에 "직원이 얼마나 일했는지 체크하고 등급을 매기는" 통제 중심의 평가로 인식되곤 했다. 그러나 최근 선진 기업일수록 성과관리 제도의 주된 목적을 "직원을 통제해 게으름을 막는 것"이 아니라, "더 큰 비전 달성과 개인의 성장"에 두고 있다. 다시 말해, 성과관리의 초점이 단순한 '평가'에서 '목표 설정과 달성 지원'으로 이동하고 있는 것이다.

실제로 인텔, 구글, 마이크로소프트의 사례를 보면, 각기 다른 성과관리 시스템 명칭을 쓰고 있음에도 공통적으로 미션·비전 달성과 개인 성장에 뿌리내린 조직 성장을 최우선 목적으로 삼고 있다. 이러한 철학의 전환은 OKR을 도입한 기업들에게도 요구되는 변화다.

국내에서도 점차 "성과관리는 단순 채점 행위가 아니라 일상적인 프로세스"라는 인식이 확산되고 있다. 구성원과 합의된 도전적 목표를 중심으로 수시로 관찰하고 피드백을 주고받으며, 건설적인 성과 리뷰와 역량 개발 지원이 반복되는 '미래지향적 사이클'을 구축하는 것이 현대적 성과관리의 지향점인 것이다.

결국 OKR 트렌드는 성과관리의 본질을 '통제와 평가'에서 '목표 설정을 통한 동기부여와 성장'으로 전환시키는 변화의 핵심 동인으로 작용하고 있다.

변화 2: 관리자의 역할 변화가 가속화되고 있다('보스'에서 '코치'로)

OKR 도입은 조직문화 측면에서 관리자의 역할 변화를 촉진하고 있다. 성과관리 방식이 과거의 일방적 지시나 사후 평가에서 상시 대화와 코칭 중심으로 전환되면서, 리더들에게 요구되는 역량

또한 달라지고 있다.

OKR의 전도사 존 도어$^{\text{John Doerr}}$는 CFR$^{\text{Conversation, Feedback,}}$ ^{Recognition}의 중요성을 강조하며, "OKR 자체보다 지속적인 대화와 피드백 문화가 현장에서 훨씬 더 중요하다"고 역설한다. 실제 OKR 워크숍을 운영해봐도 참여자들은 목표 수립보다 CFR 세션을 통해 더 큰 깨달음을 얻는 경우가 많다. 이는 기존의 수직적 소통 방식만으로는 OKR의 효과를 기대하기 어렵다는 것을 간접적으로 보여준다.

특히 요즘 조직 내 젊은 구성원들은 실제로 전통적인 연간 평가 방식을 거부하고, 실시간에 가까운 맞춤형 피드백과 성장 중심 멘토링을 원한다. 이러한 세대적 변화는 관리자의 역할 전환을 더욱 절실하게 만들고 있다. 이런 맥락 가운데 최근 성과관리 트렌드는 관리자에게 단순히 성과를 모니터링하고 평가하는 '보스^{Boss}'가 아니라 '코치^{Coach}'가 될 것을 강하게 요구하고 있다.

따라서 관리자의 피드백 커뮤니케이션 기술과 코칭 역량 없이는 현대적 성과관리 시스템이 제대로 작동하기 어렵다. 구성원에 대한 꾸준한 관찰, 경청, 질문, 인정의 스킬이 뒷받침될 때에만 OKR은 조직문화 속에 깊이 뿌리내릴 수 있으며, 젊은 세대가 기대하는 성장 중심의 조직 환경이 구현될 수 있다.

이러한 인식 변화에 따라 기업들은 관리자 대상 코칭 교육과 CFR 워크숍을 강화하고 있으며, 성과관리에서 정성적 코멘트의 비중을 높이려는 노력을 함께 하고 있다. 과거에는 등급 산정에 밀려 형식적으로 작성되던 관리자 코멘트가 이제는 성장 중심 피드백의 핵심 수단으로 재조명되고 있는 것이다.

변화 3: 조직 관리 방식이 유연해지고 있다

(수직적 통제에서 자율적 참여로)

OKR 도입은 조직 구조와 인력 운영 측면에서도 눈에 띄는 변화를 가져오고 있다. 기민한 목표 수립과 조정을 가능하게 하는 작은 조직 단위(셀, 스쿼드 등)가 각광받고 있으며, 부서 간 경계를 넘어 목표 달성에 집중하는 크로스펑셔널 cross-functional 팀 구성이 늘고 있다.

대표적으로 신한은행은 '실무 전문가 중심으로 일하는 체계'로의 개편을 추진하며, 간부들이 권한을 실무자에게 대폭 이양하는 '셀Cell 조직' 실험을 단행하기도 했다. 이는 보수적인 은행권처럼 계층적 성격이 강한 산업에서도 OKR에 적합한 유연한 조직문화를 도입하려는 시도로 주목된다.

한편, 인력 세대 변화 역시 성과관리 트렌드에 중요한 영향을 미치고 있다. 조직 내 2030세대가 기업 인력의 주류로 부상하면서, 이들의 성장 욕구와 수평적 소통 선호에 부합하는 OKR 방식이 더욱 큰 의미를 갖는다. 젊은 세대일수록 회사로부터 명확한 목표 제시와 피드백, 자기 개발 기회를 기대하는 만큼 OKR과 같은 체계는 조직 몰입도를 높이는 효과가 있다. 이러한 흐름 속에서 일부 기업은 성과관리 제도를 개편할 때 구성원의 참여를 보장하고, 조직의 비전과 개인 커리어 목표를 연계하려는 움직임을 보이고 있다.

결국 OKR 도입은 조직을 더욱 민첩하고 유연하게 만들며 세대 변화에 부응하는 자율성과 참여 중심의 문화를 확산시키는 방향으로 조직 관리 트렌드를 변화시키고 있다.

향후 과제와 전망

현재의 OKR 중심 성과관리 확산은 몇 가지 중요한 시사점을 던져준다.

첫째, 성과관리의 본질적 목적을 재고해야 한다는 점이다. 전통적으로 한국 기업에서는 성과관리 제도를 '직원들이 농땡이 치지 않도록 평가하기 위한' 수단으로 인식하는 경향이 강했다. 그러나 OKR 열풍은 성과관리의 궁극적 목적이 '비전 달성과 조직·개인의 성장임'을 다시금 부각시켰다. 성과관리 제도는 통제의 울타리가 아니라, 탁 트인 길을 열어 더 큰 목표를 달성하게 하는 엔진이어야 한다는 것이다.

둘째, 조직문화와 구성원의 인식 전환이다. OKR을 도입했다고 해서 자동으로 성과가 나는 것이 아니라, 기존의 목표에 대한 인식과 일하는 방식이 달라져야 효과를 볼 수 있음이 여러 사례에서 드러났다. 목표를 위에서 주어지는 할당량쯤으로 여기던 문화에서 스스로 설정하고 가슴 뛰는 도전 대상으로 바라보는 문화로 전환해야 OKR이 제대로 기능한다는 교훈이다.

셋째, 리더십의 중요성이 더욱 커졌다는 점이다. OKR 도입 기업들의 성패를 가른 것은 결국 경영진과 관리자의 자세였다. 일관된 비전 제시와 코칭에 적극적인 리더십이 있었던 곳에서는 OKR이 정착했지만 그렇지 못한 곳에서는 제도만 도입되고 흐지부지되는 일이 많았다.

넷째, 한국적 맥락을 고려한 현지화의 필요성이다. 한국 기업 환경에 OKR을 그대로 이식하면 마찰을 빚을 수 있다는 지적이 많다. 따라서 각 기업의 산업 특성, 규모, 기존 인사 제도에 맞게 OKR을 재해석하고 융합하는 지혜가 필요하다. 예컨대 보상과 OKR의 분리, 수평적 소통 문화 조성, 실패를 용인하는 심리적 안전망 구축 등은 한국 기업이 특히 유념해야 할 부분이다.

마지막으로, 성과관리의 궁극적 지향은 '사람에 대한 투자'라는 점이다. 평가 결과만으로 사람을 줄 세우는 관행은 이제 한계에 봉착했다. 2025년의 HR 담당자들은 경험적으로 성과관리 결과를 직원 역량 개발과 커리어 관리로 연계하여 인재 확보와 유지의 수단으로 삼아야 함을 매우 절감하고 있다. 결국 OKR 열풍이 일깨워 준 것은 '성과를 내는 것은 사람이며, 성과관리 혁신은 곧 사람관리 혁신'이라는 기본 원칙이라는 사실이다.

PART 4

DEIB 2.0 한국형 K-DEIB를 제안한다

1
왜 지금 DEIB인가?

성과와 혁신을 위한 새로운 조직운영 원리 DEIB

2025년 가을, 한국의 한 대기업 임원진 회의에서 흥미로운 토론이 벌어졌다. 글로벌 진출을 확대하고 있던 이 기업의 CEO가 운을 뗐다.

"우리 조직에 DEIB를 본격 도입해야 하지 않을까요?"

그러자 한 임원이 즉시 반박했다.

"그런 정치적 올바름은 우리와는 거리가 멀지 않습니까? 우리는 성과로만 승부해야죠."

하지만 CEO는 준비해 온 자료를 꺼내 들었다. 맥킨지^{McKinsey}의 최신 연구 결과였다. 성별과 인종의 다양성이 높은 경영진을 보유한 기업들이 그렇지 않은 기업보다 우수한 성과를 거둘 확률이 높다는 데이터와 딜로이트의 보고서에 담긴 수치들이 이어졌다. 포용성이 높은 조직일수록 팀 퍼포먼스는 17%, 의사결정 품질은 20%, 협업 효율성은 29% 높아진다는 결과였다. 회의실의 분위기가 달라졌다. DEIB가 단순한 윤리적 가치가 아니라, 비즈니스 성과와 직결되는 조직운영 원리라는 사실이 수치로 제시되었기 때문이다.

그 임원이 다시 물었다.
"그렇다면 우리가 어떻게 접근해야 합니까?"

이 장면은 오늘날 많은 한국 기업이 직면한 현실을 보여준다. 사실 대부분의 리더들은 DEIB라는 용어에는 낯설지만, 그 내용(다양성 존중, 공정한 환경, 포용적 행동, 소속감 강화)을 모르지 않는다. 용어가 생소할 뿐, 개념 자체는 어렵지 않다. 문제는 DEIB를 여전히 '서구식 정치적 올바름'이나 '윤리적 구호'로만 오해하는 데 있다. 그러나 실제로 DEIB는 성과, 혁신, 몰입, 지속가능성을 이끌어 내는 구체적이고 실질적인 조직운영 원리임을 주목해야 한다.

삼성전자가 '삼성문화지수SCI, Samsung Culture Index'에서 "다양한 관점을 존중한다"는 항목에 90%의 높은 긍정 응답률을 기록한 것은 단순히 좋은 기업문화를 만들기 위해서가 아니었다. 이는 글로벌 시장에서 다양한 고객의 니즈를 이해하고 이를 제품 혁신으로 연결하기 위한 전략적 선택이었다. 현대차가 다문화 감수성 교육과 리더십 다변화를 추진하는 것, 기아가 2030년까지 사무직 여성 비중을 2023년 4%에서 20%로 확대하겠다는 구체적 목표를 밝힌 것도 모두 같은 맥락이다.

이제 우리는 DEIB를 더 이상 '윤리적 의무'로만 볼 것이 아니라, '조직운영의 핵심 원리'로 접근해야 할 시점이다. 그것이 소통, 리더십, 조직문화, 나아가 비즈니스 성과에 어떤 영향을 미치는지 체계적으로 이해해야 한다. 그러나 여기서 중요한 것은 글로벌 선진 기업들의 DEIB 모델을 그대로 복사하는 것이 아니다. 한국 기업의 고유한 조직문화적 맥락과 사회적 특수성을 반영한 고유한 접근이 필요하다는 점이다. 한국 기업이 직면한 세대 갈등, 여성 리더십 확대, 경력단절과 복직, 정규직-비정규직 간 격차 등은 서구 기업들과는 다른 양상을 보인다. 따라서 우리에게는 글로벌 스탠다드에 부합하면서도 한국적 현실을 충분히 반영한 K-DEIB가 필요하다.

왜 지금 DEIB인가

DEIB1.0

DEIB는 다양성^{Diversity}, 공정성/형평성^{Equity}, 포용성^{Inclusion}, 소속감^{Belonging}을 통합적으로 고려하는 조직 운영 프레임워크다. 서구에서 오랜 기간 강조되어 왔으며, 처음에는 다양성과 포용성$^{D\&I}$으로 오랫동안 사용되다가 2020년 이후 공정성이 더해져 DEI로 확대되었다. 이어 코로나19 이후 조직 내부 환경이 급격히 변화하면서 소속감이 추가되어 DEIB라는 개념으로 자리 잡았다. 이는 단순한 개념의 확장이 아니다. 조직의 지속가능성과 경쟁력 확보를 위한 구조적 전환이라는 점에서 DEIB는 오늘날 기업문화의 핵심적인 패러다임으로 이해되어야 한다.

다양성^{Diversity}

조직 내 개인 간의 차이를 존중하고 가치를 부여하는 개념으로, 성별, 연령, 인종, 장애, 문화적 배경 등 가시적 차이뿐 아니라 사고방식과 경험 같은 비가시적 차이까지 포함한다. 다양성은 '구성원이 어떻게 구성되어 있느냐(조합)'를 보여주는 지표로, 정량적으로 측정할 수 있다. 단순히 다양한 인재를 채용하는 데 그치지 않고, 그들이 실제로 기여할 수 있는 환경을 만드는 것까지 포함해야 한다. 다양성이 조직에 긍정적 영향을 미친다는 점은 수많은 연구에서 확인되었다. MIT 슬론 경영대학원의 연구에 따르면 성별 다양성이 높은 팀은 문제 해결 능력이 평균 15% 높고, 창의적 아이디어 도출은 42% 더 많았다. 또한 하버드비즈니스리뷰HBR의 연구에서는 인종적 다양성이 높은 기업이 신제품 매출에서 19% 더 높은 성과를 기록했다. 그러나 다양성은 그 자체로 완결된 개념이 아니다. 다양한 배경의 인재들이 모였다고 해서 자동으로 시너지가 나는 것은 아니며, 관리되지 않는 다양성은 오히려 소통 장벽, 문화적 충돌, 협업의 어려움을 일으킬 수 있다. 따라서 다양성은 공정성, 포용성, 소속감과 함께 고려될 때 진정한 의미를 가진다.

공정성 Equity

모든 구성원이 자신의 역할을 수행하는 데 필요한 지원과 자원에 동등하게 접근할 수 있도록 하는 원리다. 이는 모두에게 같은 것을 제공하는 '평등Equality'과는 다르며, 각자의 상황에 맞춘 차등적 지원이 핵심이다. 예를 들어 시각 장애인 직원에게는 스크린 리더 소프트웨어를, 육아맘이나 육아대디에게는 유연근무제를, 경력단절 여성에게는 맞춤형 복직 프로그램을 제공하는 것이 공정성의 실현이다. 즉 공정성은 동일한 결과를 강제하는 것이 아니라, 실질적으로 기회를 활용할 수 있는 조건까지 보장하는 것이다. 형식적 기회 제공에 머무르지 않고, 개인의 출발점과 맥락을 인정하는 접근이 필요하다. 한국 기업의 맥락에서 공정성은 특히 중요한 의미를 갖는다. 한국은 OECD 국가 중 성별 임금 격차가 가장 큰 나라로 2023년 기준 한국의 여성은 남성보다 월평균 임금이 29.3% 낮았는데, 이는 OECE 회원국 평균인 11.3%의 2.6배 수준이다. 이와 더불어 여성의 경력 단절률도 역시 높은 수준이다. 또한 정규직과 비정규직 간의 처우 격차, 대기업과 중소기업 간의 임금 격차 등 구조적 불평등이 존재한다. 이러한 상황에서 공정성은 단순한 윤리적 과제가 아닌, 조직의 지속가능성과 직결되는 전략적 과제가 된다.

포용성 Inclusion

구성원이 의견을 자유롭게 의견을 표현하고, 존중받으며, 의사결정 과정에 참여할 수 있는 환경을 뜻한다. 다양성과 공정성이 제도적 기반이라면, 포용성은 그것이 실제로 작동하도록 만드는 메커니즘이자 행동이다. 포용성은 신뢰와 협업의 질을 결정짓는 조직문화의 중심축이다. 구글의 유명한 '아리스토텔레스 프로젝트 Project Aristotle'는 고성과 팀의 핵심 조건으로 심리적 안전감을 밝혀냈다. 심리적 안전감이 높은 팀에서는 구성원들이 실수나 무지를 드러내는 것을 두려워하지 않고, 위험을 감수하며 새로운 아이디어를 제시할 수 있다. 결국 포용성은 단순한 배려 차원을 넘어, 심리적 안전감을 기반으로 한 성과 메커니즘이다. 포용적인 환경이 뒷받침될 때 조직은 혁신과 성과를 동시에 이끌어 낼 수 있다.

소속감 Belonging

앞선 세 요소가 만들어 낸 결과로, 구성원이 스스로 조직의 일원이라고 느끼는 감정적 유대다. 소속감은 자율성과 책임감을 기반으로 구성원의 몰입도를 높이며, 이직률 감소와 조직 충성도 향상으로 이어진다. 딜로이트와 하버드비즈니스리뷰의 연구에 따르면 소속감을 느끼는 구성원은 업무 몰입이 70% 이상 증가하고, 이직 위험은 50% 감소하며, 병가 사용은 75% 줄어든다. 또한 소속감이 높은 조직은 고객 서비스 품질이 56% 향상되고, 팀 성과는 18% 증가하는 것으로 나타났다. 소속감은 충분히 측정할 수 있는 개념이다. 예컨대 다음과 같은 문항을 활용해 정기적으로 평가할 수 있다.

> "나는 이 팀에서 의견을 말해도 안전하다고 느낀다."
> "나는 '나답게' 일할 수 있다."
> "나는 중요한 정보와 기회에 접근할 수 있다."
> "나는 공정하게 대우받고 있다."
> "나의 기여가 인정받고 있다."
> "팀의 목표와 나의 목표가 일치한다."
> "동료들이 내 성장을 도와준다."
> "회사의 가치가 내 가치와 맞닿아 있다."

이러한 지표를 분기별 또는 반기별로 추적하면, 조직의 소속감 수준을 객관적으로 파악하고 개선 방향을 도출할 수 있다. 결국 DEIB는 다양한 구성원(D)을 확보하고, 그들에게 필요한 자원을 적절히 분배(E)하며, 실질적인 참여 환경(I)을 조성함으로써, 구성원이 조직에 소속감을 갖고 몰입(B)하게 만드는 통합적 조직운영 원리다. 서구에서는 DEIB 논의가 주로 인종·국적·성별·장애 등 가시적 영역에 집중되어 왔는데, 이를 우리는 DEIB 1.0이라 부를 수 있다. 앞으로는 한국적 맥락을 반영한 K-DEIB와 구분하여 정의하려 한다.

DEIB는 새로운 조직운영 원리

DEIB는 단순히 조직문화를 좋게 만드는 캠페인이 아니다. 이는 실질적인 경영 성과, 인재 확보, 조직 운영의 효율성을 향상시키는 전략적 도구다.

우수 인재의 유치 및 유지

현재 한국의 노동시장은 급격한 변화를 겪고 있다. 특히 2030 세대를 포함한 신규 구직자들은 이제 급여만큼이나 조직의 가치와 문화를 기업 선택의 핵심 기준으로 삼고 있다. 잡코리아의 2024년 조사에 따르면, 취업 준비생의 73%가 '기업의 조직문화'를 입사 결정의 중요 요소로 꼽았으며, 이 중 절반 이상이 '다양성과 포용성'을 핵심 평가 기준으로 제시했다. DEIB 실천 여부는 브랜드 선호도, 입사 지원율, 입사 후 정착률에 모두 영향을 미친다. 실제로 글로벌 컨설팅 기업인 보스턴컨설팅그룹BCG의 조사에서는 다양성과 포용성이 높은 기업이 우수 인재 유치에 2.3배 더 효과적이며, 핵심 인재 이탈률이 40% 낮다는 결과를 보고했다. 더 중요한 것은 글로벌 인재 확보 측면이다. 한국 기업들이 해외 진출을 가속화하면서 현지 인재와 글로벌 인재의 영입이 필수가 되었는데, 이들은 DEIB를 기업 선택의 핵심 기준으로 삼는 경우가 많다. 따라서 DEIB는 단순히 국내 인재 확보를 넘어 글로벌 인재 경쟁력과도 직결된다.

구성원 몰입도와 성과 향상

포용적인 조직에서는 구성원이 심리적으로 안전하다고 느끼며 자신의 역량을 최대한 발휘할 수 있다. 이는 곧 개인 생산성 향상 → 팀 퍼포먼스 향상 → 조직 성과 개선의 선순환을 이끈다. 갤럽Gallup 연구에서는 포용성이 높은 조직의 구성원들은 업무 참여도가 67% 더 높고, 번아웃burnout 경험이 74% 적으며, 혁신 아이디어 제안이 2배 이상 많다고 보고되었다. 또한 이들 조직은 고객 만족도가 12% 높고, 안전사고 발생률이 48% 낮으며, 수익성이 18%

더 높다는 결과를 보였다. 한국 기업의 맥락에서 이는 더욱 중요한 의미를 갖는다. 한국은 전통적으로 장시간 근무문화와 위계적 조직 구조로 인해 구성원의 자발적 참여와 창의성이 억제되는 경우가 많았다. DEIB는 이러한 구조적 한계를 극복하고 구성원의 내재적 동기를 끌어내는 핵심 동력이 될 수 있다.

갈등 감소와 협업 촉진

DEIB 기반 조직에서는 상호 존중과 이해가 전제되며, 불필요한 내부 갈등이 감소하고 건설적인 피드백과 토론문화가 확산된다. 특히 한국 기업의 경우 세대 간 갈등, 부서 간 사일로 현상, 정규직-비정규직 간 위화감 등 다양한 내부 갈등 요소가 존재한다. 이러한 갈등은 단순히 인간관계의 문제가 아니라 조직 효율성과 생산성을 저해하는 핵심 요인이다. MIT 슬론 경영대학원의 연구에 따르면, 포용적인 리더십이 실천되는 조직에서는 팀 내 갈등이 47% 감소하고, 의사결정 속도가 29% 빨라지며, 프로젝트 성공률이 35% 향상되는 것으로 나타났다.

창의성과 혁신 역량 강화

서로 다른 배경과 관점을 가진 구성원들이 협력하여 문제를 해결할 때, 혁신적인 아이디어와 솔루션이 탄생한다. 이는 R&D, 제품 개발, 고객 경험 설계 전반에서 경쟁력 차별화로 이어진다. 보스턴컨설팅그룹BCG의 연구는 다양성이 높은 팀이 혁신 매출에서 19% 더 높은 성과를 보인다는 결과를 제시했다. 또한 맥킨지의 연구에서는 인종적, 성별에 따른 다양성이 모두 높은 기업이 업계 평균 대비 수익성에서 35% 더 우수한 성과를 보인다고 보고했다. 한국 기업들이 직면한 디지털 전환, 지속가능성, 고객 경험 혁신 등의 과제를 해결하기 위해서는 기존의 관습적 사고를 넘어선 파괴적 혁신이 필요하다. 이는 다양한 배경과 관점을 가진 인재들의 창의적 협업을 통해서만 가능하다.

리스크 관리 및 지속가능성 확보

DEIB는 법적 리스크 예방(차별·괴롭힘 등), 사회적 평판 리스크 관리, 핵심 인재 유출 방지 등 여러 측면에서 조직의 지속가능성을 지탱하는 리스크 관리 장치이기도 하다. 최근 한국에서도 직장 내 차별, 괴롭힘, 성희롱 등과 관련된 법적 규제가 강화되고 있으며, 이에 대한 사회적 관심도 높아지고 있다. 또한 ESG(환경·사회·지배구조) 경영이 기업 평가의 핵심 요소로 부상하면서, 사회적 영역의 핵심인 DEIB는 기업의 지속가능성 평가에 직접적인 영향을 미친다.

더 나아가 DEIB는 조직의 적응력과 회복력을 높이는 요인이기도 하다. 다양한 관점과 경험을 가진 구성원들로 구성된 조직은 외부 환경 변화에 더 민감하게 반응하고, 위기 상황에서 더 창의적인 해결책을 찾아낼 수 있다.

DEIB의 핵심 성과와 과제

DEIB의 궁극적 목표는 단순히 제도나 구조의 개선에 있지 않고, 구성원이 실제로 느끼는 소속감에 있다. 소속감은 다양성, 공정성, 포용성이 성공적으로 실현되었을 때 나타나는 최종 결과물이자, 동시에 조직 성과로 이어지는 핵심 동력이다. 소속감은 다음과 같은 조직에 미치는 구체적 효과가 있다.

첫째, 소속감이 높은 조직의 구성원들은 이직 위험이 50% 감소한다. 이는 단순히 조직에 만족해서가 아니라, 자신이 조직의 중요한 일원이라고 느끼고, 동료들과의 의미 있는 관계를 형성했기 때문이다. 특히 핵심 인재의 경우 소속감이 이직 결정에 미치는 영향이 더욱 크다.

둘째, 소속감을 느끼는 직원들은 업무 몰입도가 70% 이상 증가한다. 이들은 단순히 주어진 업무를 수행하는 것을 넘어서, 조직의 목표 달성을 위해 자발적으로 추가 노력을 기울이며, 창의적인 아이디어를 적극적으로 제안한다.

셋째, 소속감이 높은 직원들은 병가 사용이 75% 감소하고, 스트레스 관련 질병 발생률이 현저히 낮다. 이는 조직에서의 심리적 안정감이 신체적 건강에도 긍정적 영향을 미치기 때문이다.

넷째, 소속감이 높은 구성원들은 고객 서비스 품질이 56% 향상된다. 자신의 일에 자부심을 느끼고 조직에 애착을 갖는 직원들은 고객과의 접점에서도 더 적극적이고 긍정적인 태도를 보인다. 마지막으로, 소속감이 높은 팀들은 전체적인 성과가 18% 향상되며, 협업 효율성이 대폭 증가한다. 구성원들이 서로를 신뢰하고 지원하는 환경에서는 시너지 효과가 극대화된다.

결국 현대 기업 경쟁력의 핵심은 인재이고, 인재가 자신의 역량을 최대한 발휘할 수 있는 환경을 만드는 것이 바로 DEIB다. 이는 더 이상 있으면 좋은 것이 아니라, 생존과 성장을 위한 필수 전략이다. 특히 한국 기업들이 글로벌 시장에서 경쟁하고, 급변하는 환경에 적응하며, 지속 가능한 성장을 이루기 위해서는 DEIB를 통한 조직문화 혁신이 반드시 필요하다. 하지만 이것이 서구의 모델을 그대로 복사하는 데 그쳐서는 안 된다. 한국의 독특한 조직문화적 맥락과 사회적 특성을 반영한 한국형 K-DEIB를 구축할 때, 비로소 DEIB는 우리 기업에 진정한 경쟁우위를 제공할 수 있을 것이다.

2
글로벌 동향과 한국 기업의 대응

2025년 1월, 실리콘밸리의 한 글로벌 IT 기업 본사에서 흥미로운 회의가 열렸다. 이 회사의 최고다양성책임자[CDO]는 경영진에게 지난 1년간의 DEIB 성과를 보고하고 있었다.

"포용성 지수가 전년 대비 15% 상승했습니다. 이는 팀 생산성 12% 향상과 직결되었고, 특히 다양성이 높은 팀일수록 혁신 지표에서 뛰어난 성과를 보였습니다."

순간 한 임원이 조심스럽게 입을 열었다.

"트럼프 취임으로 정치적 환경이 바뀌고 있습니다. 일부 기업들이 DEIB 프로그램을 축소하거나 용어 사용을 자제하고 있다는데, 우리는 어떻게 해야 할까요?"

이는 단순히 한 기업의 고민이 아니었다. DEIB의 가치는 분명하지만, 그것을 둘러싼 정치·사회적 환경이 급변하는 지금, 전 세계 기업들이 마주한 새로운 현실이기도 했다.

두 개의 흐름:
글로벌 DEIB의 진화와 역풍

글로벌 기업들은 지난 몇 년간 기존의 DEI에서 DEIB로 패러다임을 확장해 왔다. 단순히 'Belonging'이라는 단어 하나가 추가된 것이 아니라, 조직문화를 바라보는 근본적 접근 방식이 달라진 것이었다. SHRM이 2024년 발표한 보고서는 이러한 변화를 명확히 보여준다. "DEIB는 더 이상 인사팀의 프로그램이 아니다. 조직의 경쟁력을 결정하는 핵심 인프라가 되었다."

실제로 선도 기업들을 살펴보면, DEIB는 단순한 인사 정책을 넘어 경영 시스템 전반에 깊숙이 뿌리내리고 있었다. 공통점은 CEO 직속으로 최고다양성책임자를 두고, 모든 사업부에 DEIB 담당자를 배치했다는 것이다. 더 나아가 채용부터 승진, 성과평가, 심지어 공급업체 선정에 이르기까지 모든 의사결정 과정에 DEIB 원칙을 적용하고 있었다. 특히 인상적인 것은 데이터에 대한 집착이다. 이들은 다양성 지표뿐만 아니라 포용성과 소속감까지 정량화해서 실시간으로 모니터링한다. 한 글로벌 컨설팅 기업의 최고 다양성책임자는 "측정할 수 없으면 관리할 수 없다"며 "우리는 매월 팀별 소속감 지수를 추적하고, 이것이 성과 지표와 어떤 상관관계를 보이는지 분석한다"고 말했다.

그러나 2024년 11월 트럼프 당선 후 상황이 달라지기 시작했다. 미국 정치 환경의 변화와 함께, 일부 기업들이 DEI 정책(사회정치적 표현은 DEI임)을 후퇴시키거나 수정하는 움직임을 보이기 시작한 것이다. 월마트Walmart는 소수자 소유 공급업체 우선 정책을 조용히 중단했고, 할리데이비슨Harley-Davidson은 아예 DEI 목표를 공식적으로 철회하고 관련 조직을 재편했다. 이들 기업의 공통점은 정치적 논란에 휘말리지 않으려는 방어적 자세였다. 트럼프 당선 이후 첫 행정명령에는 DEI 정책의 폐지가 포함되었고, 선진적인 경영 시스템을 운영하는 것으로 잘 알려진 메타Meta와 아마존Amazon은 DEI 정책의 폐지와 축소를 발표했다. 당시 언론보도에 의하면 한 기업 관계자는 익명을 조건으로 "우리는 여전히 다양성과 포용성이 중요하다고 생각한다"면서도 "정치적 논란에 휘말려 브랜드 이미지가 타격 받는 것은 피하고 싶다"고 속내를 털어놓았다. 이는 DEIB 자체에 대한 부정이라기보다는, 정치적 부담을 회피하려는 현실적 판단이었다.

하지만 모든 기업이 이런 흐름을 따른 것은 아니었다. 애플Apple, 마이크로소프트Microsoft, 엔비디아NVIDIA, 세일즈포스Salesforce 같은 세계 최고 빅테크 기업들은 오히려 DEIB 투자를 늘렸다. 애플 CEO 팀 쿡은 2024년 말 사내 메시지에서 "포용성이 혁신을 이끈다는 우리의 믿음은 변하지 않았다"고 선언했다. 실제로 애플은 같은 해 접근성 기술 개발에 전년 대비 40% 많은 예산을 투입했고, 공급망 다양성 프로그램도 확대했다. 마이크로소프트 역시 "Empowering us all"이라는 캠페인을 더욱 강화했다. 회사의 한 임원은 "우리에게 DEI는 정치적 입장이 아니라 비즈니스 전략"이라며 "다양한 배경의 직원들이 만드는 제품이 더 많은 고객에게 사랑받는다는 것을 매일 확인하고 있다"고 말했다. 특히 엔비디아의 행보는 더욱 주목할 만하다. AI 개발팀의 다양성을 편향 없는 인공지능을 만드는 핵심이라고 보고, 관련 투자를 오히려 늘린 것이다. 젠슨 황 CEO는 "AI의 미래는 다양성에 달려 있다"라며 "편향된 데이터로 훈련된 AI는 편향된 결과를 만들어낸다"고 강조했다.

이러한 상반된 움직임이 우리에게 주는 교훈은 분명하다. DEIB를 정치적 이슈로 접근하면 외부 환경에 휘둘릴 수밖에 없지만, 비즈니스 전략으로 접근하면 일관된 실행이 가능하다는 것이다. 성공하는 기업들의 공통점은 DEIB를 지속가능한 성장 관점에서 바라본다는 것이다. 그들에게 DEIB는 단순히 사회적 책임을 다하는 것이 아니라, 미래 경쟁력을 확보하는 핵심 투자다. 따라서 정치적 환경이 바뀐다고 해서 쉽게 포기할 수 없는 전략적 우선순위가 되는 것이다.

한국 기업들의 DEIB 접근과 도전

고객에서 시작된 변화, 현대차

현대차의 DEIB 여정은 내부가 아닌 고객으로부터 시작되었다. 글로벌 시장에서 여성 고객의 구매 결정권이 점점 커지고, 고령화 사회에서 시니어 고객이 늘어나며, 장애인을 위한 접근성 요구도 증가하고 있었다. '디자인팀 구성원이 모두 20~30대 남성이라면, 60대 여성 고객이 원하는 차를 어떻게 만들 수 있겠는가?'라는 질문에서 시작되었다. 시장조사를 하는 것을 넘어서, 제품 개발 과정

자체에 다양한 관점이 들어가야 한다는 인식이 생긴 것이다.

이러한 문제의식 속에서 현대차는 유니버설 디자인 원칙을 자동차 설계에 본격적으로 적용했다. 키가 작은 사람도, 팔 길이가 짧은 사람도, 관절이 불편한 사람도 쉽게 사용할 수 있도록 고려한 설계는 결과적으로 일반 고객들에게 더 편리한 차를 제공하게 되었다. 조직 내부의 변화도 이어졌다. 해외 진출이 확대되면서 현지 인재들과의 협업이 늘어났는데, 문화적 차이로 인한 갈등이 빈번했다. 이를 해결하기 위해 다문화 감수성 교육을 도입했고, 외국 인재가 본사 핵심 보직에 진출할 수 있는 경로를 마련했다.

여성 리더십 확대도 중요한 과제였다. 전통적으로 남성 중심이었던 자동차 업계에서 여성 관리자를 늘리는 것은 쉽지 않았다. 하지만 여성 고객의 시각에서 제품을 바라보고, 여성 직원들의 경험을 반영한 근무 환경을 만들기 위해서는 필수적이었다. 한 현대차 임원은 "처음에는 정치적 올바름 때문에 하는 줄 알았다"며 "실제로 해보니 이것이야말로 가장 현실적인 비즈니스 전략이었다"라고 회고했다.

구체적 목표로 말하는 의지, 기아

기아가 2030년까지 사무직 여성 비율을 20%로 확대하겠다고 공표했을 때, 사람들은 의외라는 반응을 보였다. 2023년 기준 4%에서 5배 확대는 엄청난 변화이기 때문이다. 그러나 기아가 강조한 핵심은 단순히 5배 성장이라는 양적 의미보다 더 중요했다. 단순히 채용 숫자를 늘리는 것이 아니라, 전체 조직문화를 바꾸는 것이라는 의지였다. 실제로 이 목표 뒤에는 구체적 실행 계획이 뒷받침되었다.

먼저 채용 과정부터 바꿨다. 기존의 채용 과정에서 무의식적 편향이 작용할 수 있는 요소들을 찾아내어 제거했다. 면접관 구성을 다양화하고, 평가 기준을 명확히 하며, 블라인드 방식을 도입했다. 더 중요한 것은 입사 후의 여정이었다. 여성 신입사원들이 중간에 그만두는 이유를 분석해보니, 롤모델의 부족이 큰 요인이었다. 이를 해결하기 위해 여성 리더들과의 멘토링 네트워크를 구축했다. 육아와 일의 양립도 핵심 과제였다. 육아휴직 제도를 개선하는 것을 넘어 복귀 후 경력 경로를 다시 설계한 것이다. 육아휴직으로 인한 경력 공백이 승진에 불이익이 되지 않도록 평가 시스템도 조정했다. 무의식적 편견 제거 교육도 전 직원을 대상으로 실시했다. 처음에는 형식적인 교육이라는 반응이 많았지만, 실제 사례 중심의 실습을 통해 참여도가 높아졌다. 기아의 DEIB 추진은 철저히 탑다운으로 추진되고 있다. 이는 단순한 내부 변화 차원을 넘어, 세계 3대 자동차그룹인 도요타, 폭스바겐과 맞서기 위한 글로벌 경쟁 전략의 일환이다. 기아는 다양성을 더 이상 '선택 사항'이 아닌 경력적 확보의 필수 요소로 보고 있는 것이다.

다른 대기업들의 후퇴와 확산

현대차그룹을 제외하면, 국내 10대 기업의 DEIB는 다소 후퇴한 측면이 있다. 선두주자로 평가받던 삼성전자의 경우, 글로벌 사업장에서 유지되는 것을 제외하고 한국 내에서는 뚜렷한 성과가 보이지 않는다. SK그룹 역시 한때 '행복경영'의 가치 실현을 위해 '사회적 책임 활동'을 강하게 추진했지만, 2025년 들어서는 그 힘이 약화되었다. 반면 금융권에서는 DEIB에 대한 관심이 확산되는 모습을 보인다. KB금융, 신한금융, 미래에셋증권, 교보생명 등은 관련 직원 교육을 확대하며 포용적 조직문화 구축에 적극 나서고 있다. 동원그룹, 동서식품, 한국동서발전, 일부 공공의료원과 지방공기업 등에서도 리더십 교육 과정에 DEIB 내용을 포함시키며

점진적인 변화를 꾀하고 있다.

이처럼 기업 전반에 DEIB에 관한 관심은 꾸준히 늘고 있지만, 강하게 확산되지 못하는 데에는 한국적 특수성이 작용하고 있다. 2024년 12월 3일 비상계엄 발효에서 헌법재판소 판결, 이재명 정부 출범으로 이어진 정치적 혼란 상황과 내수 경제의 침체, 트럼프 행정부의 관세 압박 등 대내외 불확실성이 결합하면서 한국 기업들이 DEIB 이슈를 부각시키기 어려운 특유의 조건들이 생긴 것이다.

한국 기업이 마주한 독특한 현실들

세대라는 이름의 거대한 강

한국 기업에서 DEIB를 논할 때 가장 먼저 부딪히는 현실은 세대 갈등이다. 이것은 단순한 연령 차이가 아니라, 전혀 다른 세계를 살아온 사람들이 한 공간에서 만나는 충돌이다. 60대 임원과 20대 신입사원이 같은 회의실에 앉아 있지만, 마치 다른 언어를 쓰는 듯하다.

임원은 "경험이 중요하다"고 말하지만 신입사원은 "법적 근거가 있나요?"라고 되묻는다. 임원은 "요즘 직원들은 회사에 대한 충성심이 부족하다"고 걱정하지만, 신입사원은 "개인 성장 기회가 보이지 않는다"고 불만을 제기한다. 일상적인 소통 방식에서도 마찰이 잦다. 기성세대에게 보고와 승인은 반드시 대면으로 이루어져야 하지만, 젊은 세대는 "왜 메신저로 하면 안 되나요?"라고 묻는다. 기성세대는 "연장자 먼저"를 기본 예의로 여기지만, 젊은 세대는 "능력이 나이에 상관없이 우선되어야 한다"고 생각한다.

한 대기업 팀장은 이런 고민을 털어놓았다. "예전에는 제가 지시하면 부하직원들이 따랐는데, 요즘 직원들은 '왜 그렇게 해야 하는지' 묻습니다. 처음에는 반항인 줄 알았는데, 듣고 보니 더 좋은 방법을 찾으려는 경우가 많더군요. 하지만 매번 설명하고 설득하는 것도 쉽지는 않습니다." 반대로 젊은 직원들의 목소리도 있다. 한 20대 직원은 이렇게 말했다. "선배들은 항상 '나 때는 말이야'로 시작합니다. 시대가 이렇게 바뀌었는데 왜 예전 방식을 고집하는지 이해할 수 없어요."

안과 밖의 보이지 않는 경계

또 다른 복잡한 현실은 신입직원과 경력직원 간의 미묘한 긴장이다. 한국 기업들은 전통적으로 신입 공채를 통해 인재를 뽑고 내부에서 육성하는 방식을 선호해 왔다. 그러나 최근 급변하는 환경 속에서 필요한 전문성을 확보하기 위해 경력직 채용이 늘어나면서, 두 그룹 간에 보이지 않는 경계가 생기기 시작했다. 신입 공채 출신들은 '회사문화를 제대로 아는 사람'이라는 자부심이 있었고, 경력직들은 '전문성을 가진 사람'이라는 자신감을 갖고 있었다. 문제는 이 자부심과 자신감이 때로는 서로를 배제하는 요인으로 작용했다는 점이다.

한 IT 기업의 경력직 개발자는 이렇게 말했다. "입사 첫날부터 외부 사람이라는 시선을 느꼈습니다. 회의에서 의견을 내면 '전 회사에서는 그랬을지 모르지만 우리 회사는 다르다'는 반응을 받았다. 제가 가진 경험과 전문성을 인정받기까지 1년 이상 걸렸습니다." 반대로 신입 공채 출신의 한 팀장은 이렇게 토로했다. "경력직들이 와서 기존 프로세스를 무시하고 자기 방식대로 하려고 합니다. 그 때문에 팀워크가 깨지는 경우가 많습니다." 갈등은 승진과 성장 경로에서도 이어졌다. 신입 공채 출신들은 체계적인 교육과 순차적인 승진 경로를 밟을 수 있었지만, 경력직들은 그런 시스템에서 소외되기 쉽다. 이미 경험이 있다는 이유로 교육 기회에서 제외되거나, 기존 승진 체계에 맞지 않아 성장 경로가 불투명해지는 일이 생긴다.

여성이 직면하는 이중의 장벽

한국 기업에서 여성들이 마주하는 현실은 성별 차별을 넘어 훨씬 복잡하다. 경력 단절과 복직, 육아와 일의 양립, 유리천장 등 여러 층위의 장벽이 동시에 작동하기 때문이다. 통계는 이 상황을 냉혹하게 보여준다. 한국은 여전히 OECD 국가 중 성별 임금 격차 1위이며, 여성 관리직 비율은 평균의 절반 수준에 불과하다. 여성 임원 비율 역시 5%에도 미치지 못한다. 그러나 숫자 이면에는 더 깊은 이야기들이 존재한다. 한 대기업에서 중간관리자로 승진한 여성은 이렇게 말했다. "임신 소식을 상사에게 알렸을 때 '축하한다'라는 말과 동시에 '프로젝트 투입은 어려울 것 같다'는 말을 들었습니다. 아직 배도 나오지 않았는데 벌써 배제되는 기분이었어요." 육아휴직 후 복귀한 여성들의 경험도 비슷하다. "1년 동안 쉰다고 해서 업무 능력이 떨어진 건 아닌데, 중요한 일은 맡기지 않으려 했습니다. '천천히 적응하라'는 배려였겠지만, 결국 성장 기회에서 멀어지는 것 같았죠." 또 다른 여성 임원은 승진 과정에서의 어려움을 이렇게 회상했다. "가장 힘들었던 건 '보이지 않는 네트워크'에 들어가는 일이었습니다. 실력만으로는 다가갈 수 없는 보이지 않는 장벽이 분명히 있었어요." 그럼에도 변화의 조짐은 나타나고 있다. 젊은 남성 직원들 사이에서 육아휴직 사용이 늘어나고, 일과 삶의 균형을 중시하는 문화가 확산되면서 성별 역할에 대한 인식이 점차 달라지고 있다. 이는 여성만의 문제가 아니라, 한국 기업 전체가 더 포용적인 문화를 만들어야 한다는 시대적 요구로 이어지고 있다.

같은 공간, 다른 대우

가장 민감하면서도 해결하기 어려운 문제는 고용 형태에 따른 차별이다. 같은 사무실에서 비슷한 일을 하면서도 정규직, 계약직, 파견직, 인턴은 전혀 다른 대우를 받는다. 이는 단순한 처우의 차이를 넘어, 조직 내에서의 존재감 자체를 갈라놓는다. 한 계약직 직원의 말은 이 현실을 단적으로 보여준다. "회의에 참석해도 의견을 물어보지 않아요. '어차피 내년에 있을지 모르는 사람'이라는 시선을 느낍니다. 같은 프로젝트를 하면서도 중요한 정보는 정규직들끼리만 공유하죠." 성과 인정의 격차는 더욱 뚜렷하다. 같은 결과를 만들어내도 정규직은 '우수 사원'으로 칭송받지만, 비정규직에게 돌아오는 최고의 보상은 고작 '계약 연장'이었다. 교육 기회 역시 다르지 않았다. 회사에서 제공하는 각종 교육과 세미나는 대부분 정규직을 중심으로 운영되었고, 비정규직은 자연스럽게 배제되었다. 한 대기업 인사팀장은 이 딜레마를 이렇게 털어놓았다. "업무 능력만 놓고 보면 구분이 안 됩니다. 그런데 제도적으로는 정규직과 비정규직이 달라야 하고, 그게 결국 보이지 않는 위계를 만들어내죠." 이런 상황에서 진정한 팀워크를 기대하기란 어렵다. 같은 목표를 향해 함께 달려야 하지만, 출발선 자체가 다르다는 사실이 구성원들의 마음속에 깊은 균열을 남기기 때문이다.

복합적 도전의 실체

이렇게 살펴본 네 가지 현실―세대 갈등, 신입-경력직 갈등, 여성 차별, 고용 형태 차별―은 결코 따로 존재하지 않는다. 실제 조직에서는 이들이 서로 얽히고 겹치며 훨씬 더 복잡한 갈등을 만들어낸다. 예를 들어, 30대 여성 경력직 계약직 직원의 경우를 생각해 보자. 그녀는 동시에 여러 층위의 어려움에 직면한다. 나이 많은 남성 정규직 동료들과는 세대 차이를, 같은 연차의 남성 경력직들과는 성별 차별을, 비슷한 업무를 하는 정규직들과는 고용 형태 차별을 경험한다. 이 모든 요소가 얽히며 그녀의 소속감에 직접적인 영향을 미친다. 또 다른 사례로 50대 경력직 정규직 남성을 들 수 있다. 그는 20~30대 직속 부하들과 세대 갈등을 겪는 동시에, 같은 연차이지만 신입 공채 출신 동료들과의 보이지 않는 경쟁에도 시달린다. 표면적으로는 안정적인 위치에 있는 것처럼 보이지만, 실제로는 여러 층의 갈등에 노출되어 있는 것이다. 이처럼 조직 내 현실은 단일 차원의 문제로 설명되지 않는다. 성별 다양성만 강조하면 세대 갈등이 오히려 심화될 수 있고, 경력직 우대 정책은 신입 직원들의 불만을 키울 수 있다. 즉, 복합적이고 교차적인 맥락 속에서 DEIB를 바라보지 않으면, 한 문제를 풀려다 다른 문제를 악화시키는 결과를 초래할 수 있다.

한국적 해법을 찾는 여정

그렇다면 한국 기업들은 이런 복잡한 현실 속에서 어떻게 DEIB를 실현해야 할까? 서구의 모델을 그대로 가져오기에는 우리의 상황이 너무 다르다. 무엇보다 한국의 DEIB는 '차이를 인정하되 갈등을 줄이는 방식'으로 가야 한다. 서구처럼 각자의 정체성을 앞세워 권리를 주장하는 접근보다는, 서로의 차이를 이해하고 조화를 이루는 방향이 한국문화에 더 적합하다. 또한 급진적 변화보다는 점진적 개선이 현실적이다. 수십 년간 형성된 조직문화를 하루아침에 바꿀 수는 없다. 기존 문화의 장점은 살리면서 문제점을 개선해 나가는 단계적 접근이 필요하다. 무엇보다 중요한 것은 성과와의 연결이다. 한국 기업들에게 DEIB는 도덕적 당위성보다는 실질적 효과로 설득해야 한다. 다양성이 혁신을 만들고, 포용성이 성과를 높이며, 소속감이 경쟁력을 만든다는 것을 구체적으로 보여주어야 한다. 인권이나 윤리로 접근하면 "여유 있을 때 하자"는 반응이 나오기 쉽다. 반면 비즈니스 성과와 조직 경쟁력이라는 언어로 설명할 때, 불필요한 갈등을 줄일 수 있다. 희망적인 변화도 이미 감지되고 있다. 젊은 세대를 중심으로 다양성 수용도가 높아지고 있고, 코로나19 이후 원격근무 경험을 거치며 기존의 경직된 조직문화에도 변화의 바람이 불고 있다. 일부 기업들은 세대 간 멘토링 프로그램을 도입해 서로의 강점을 나누거나, 프로젝트 기반 조직 운영으로 고용 형태에 상관없이 역량 중심의 역할 배분을 실험하고 있다.

결국 한국형 K-DEIB의 핵심은 차이를 없애는 것이 아니다. 차이를 인정하면서도 하나의 목표를 향해 함께 갈 수 있는 방법을 찾는 것이다. 그 과정에서 모든 구성원이 자신의 가치를 발휘하고, 동시에 소속감을 느낄 수 있도록 만드는 것. 이것이 우리가 지향해야 할 한국형 K-DEIB의 방향이다. 이제는 이론과 현실 분석을 넘어서, 구체적으로 어떻게 K-DEIB를 설계하고 실행할 것인가라는 실천적 질문에 답할 차례다.

3
한국형 K-DEIB의 설계

2025년 초, 서울 강남의 한 대기업 회의실. 글로벌 진출을 가속화하던 이 회사는 동시에 국내 조직문화의 혁신이 필요하다는 결론에 도달했지만, 방법은 불분명했다. 한 임원이 입을 열었다. "국외 법인에서는 현지 직원들이 본사문화에 적응하지 못한다고 하고, 국내에서는 세대 갈등으로 팀워크가 깨지는 일이 잦아지고 있습니다." 또 다른 임원도 우려를 보냈다. "DEIB가 해법이 될 수는 있겠지만, 서구 모델을 그대로 가져오기에는 우리 현실과 맞지 않습니다." 잠시 정적이 흐르던 순간, 한 젊은 팀장이 조심스럽게 손을 들었다. "그렇다면 우리만의 방식으로 접근하면 어떨까요? 글로벌 기준은 유지하되, 우리 조직의 특성과 문화에 맞게 재해석하는 겁니다." 바로 그 제안이 K-DEIB 논의를 본격화하는 출발점이 되었다. 글로벌 표준을 외면하지도, 그렇다고 맹목적으로 따르지도 않으면서, 한국 기업의 독특한 현실에 맞는 새로운 접근법이 필요하다는 공감대가 형성된 것이다.

K-DEIB, 한국적 해석의 시작

실용주의에 기반한 철학

K-DEIB는 글로벌 DEIB의 네 가지 축인 다양성, 공정성, 포용성, 소속감을 그대로 유지한다. 하지만 접근 방식에서는 근본적인 차이가 있다. 서구의 DEIB가 주로 인권과 정의의 관점에서 출발한다면, K-DEIB는 철저히 성과와 실효성의 관점에서 출발한다. "K-DEIB는 옳기 때문에 하는 것이 아니라, 조직 성과와 혁신에 실질적으로 기여하기 때문에 하는 것이다." 이것이 K-DEIB의 핵심 철학이다. 이런 접근이 필요한 이유는 명확하다. 한국 기업들과 다수의 DEIB 프로젝트를 진행하며 경험한 바에 따르면, 처음에는 '사회적 책임'이나 '윤리적 당위성'으로 설명하면 "여유 있을

때 하는 것"으로 치부되는 경우가 많았다. 그러나 '경쟁력 강화'와 '성과 향상'으로 연결지으면 경영진이 진지하게 듣기 시작한다. 실제로 한국 기업문화에서 새로운 제도나 프로그램이 성공하려면 그것이 조직 성과에 어떤 기여를 하는지 명확하게 보여줄 수 있어야 한다. K-DEIB는 바로 이 지점에서 차별화된 접근을 제시해야 한다.

통합적 관점의 중요성

K-DEIB의 또 다른 특징은 '통합적 접근'이다. 이는 특정 집단을 우대하거나 특별 대우하는 것이 아니라, 모든 구성원이 자신의 역량을 최대한 발휘할 수 있는 환경을 만드는 것에 초점을 맞춘다. 한 대기업 인사 담당 임원은 이렇게 설명했다. "우리가 여성 직원을 위한 프로그램을 만들 때, '여성만을 위한 특혜'라는 시선이 있었다. 하지만 관점을 바꿔서 '모든 직원이 일과 삶의 균형을 맞출 수 있는 환경'을 만든다고 접근하니까 남성 직원들도 긍정적으로 받아들였다." 이것이 바로 K-DEIB의 핵심이다. 차이를 인정하되 갈등을 만들지 않고, 공정성을 추구하되 분열을 야기하지 않는 방식으로 접근하는 것이다.

문화적 맥락의 반영

K-DEIB는 한국의 독특한 문화적 맥락도 적극적으로 반영한다. 예를 들어, 서구에서는 개인의 정체성을 명확히 드러내고 그에 따른 권리를 주장하는 것이 일반적이지만, 한국에서는 조화와 관계를 중시하는 문화적 특성이 강하다. 따라서 K-DEIB는 '나의 권리'보다는 '우리의 성공'에 초점을 맞춘다. 개인의 차이를 인정하되, 그것이 팀과 조직의 성과에 어떻게 기여할 수 있는지를 강조한다. 한 스타트업 대표는 자기 경험을 이렇게 들려주었다. "우리 팀에는 정말 다양한 사람들이 있다. 나이, 성별, 전공, 경력이 모두 다르다. 처음에는 이런 차이 때문에 갈등이 있을까 봐 걱정했는데, 오히려 이 다양성이 우리만의 독창적인 해결책을 만들어내는 원동력이 되었다."

성공하는 K-DEIB의 다섯 가지 원칙

첫 번째 원칙: 언어의 현실화

K-DEIB의 첫 번째 원칙은 '정치화된 언어의 최소화'다. DEIB

라는 용어 자체가 구성원들에게는 서구의 가치나 정치적 올바름으로 인식될 수 있다. 따라서 조직 내부에서는 이를 공정성, 안전한 소통, 성과 향상과 같은 친숙한 기업 언어로 번역해야 한다. 실제로 한 제조 업체에서는 DEIB 프로그램을 도입할 때 '포용성 증진 캠페인'이라고 부르지 않고 '협업 효율성 향상 프로젝트'라고 명명했다. 그 결과 구성원들의 참여도와 수용도가 크게 높아졌다. 이는 내용을 바꾸자는 것이 아니라, 표현 방식을 현실적으로 조정하자는 의미다. 같은 내용이라도 어떻게 설명하고 포장하는가에 따라 받아들이는 사람들의 반응이 전혀 달라질 수 있다.

두 번째 원칙: 데이터가 말하게 하라

감정이나 주관적 인상이 아닌, 객관적인 데이터로 현황을 파악하고 개선점을 찾아야 한다. 성공적인 K-DEIB 운영을 위해서는 네 가지 차원의 데이터가 필요하다. 대표성 지표는 조직 구성의 다양성을 보여주고, 격차 지표는 공정성 수준을 측정한다. 경험 지표는 구성원들이 실제로 느끼는 포용성을 파악하고, 성과 지표는 이 모든 것이 실제 업무 성과와 어떤 관련이 있는지 보여준다. 한 IT 기업은 이런 통합 대시보드를 만들어 운영한 결과, 매우 흥미로운 사실을 발견했다. 다양성 지수가 높은 팀일수록 혁신 지표에서 좋은 성과를 보였고, 포용성 점수가 높은 팀은 고객 만족도도 높았다. 데이터가 DEIB의 가치를 명확하게 입증해 준 것이다. 여성 채용이나 리더를 늘리는 목표가 있는 경우, "여성이면 능력 상관없이 채용하고 승진시키는 거냐?"라는 성별 갈등으로 이어질 수 있다. 이때 우리 회사의 여성 비율, 여성 리더 비율을 구체적인 수치로 제시하고, 글로벌 기업이나 경쟁사와 비교 데이터를 제시할 수 있다. 기아의 경우, 여성 사무직 비율이 4%에 불과하기 때문에 팀장으로 승진할 여성 리더가 없고, 여성 팀장이 극소수이기 때문에 임원으로 승진시킬 사람이 없다는 데이터를 공유하는 것은 의미가 있었다.

세 번째 원칙: 직무 중심으로 생각하라

K-DEIB의 세 번째 원칙은 모든 인사 프로세스를 직무 중심으로 운영하는 것이다. 채용할 때는 그 사람의 배경이 아니라 직무 수행 능력을, 승진시킬 때는 인맥이 아니라 성과와 역량을, 보상할 때는 연차가 아니라 기여도를 기준으로 삼는다. 이런 접근이 중요한 이유는 공정성에 대한 신뢰를 회복할 수 있기 때문이다. 한국

직장인들이 가장 불만을 느끼는 부분이 "일 잘하는 사람에게만 일이 몰리고, 보상은 모두 비슷하다"라는 것이다. 이런 문제를 해결하려면 명확하고 객관적인 기준이 필요하다. 한 금융회사는 승진 심사에서 '자세나 태도'나 '리더십 자질' 같은 주관적 기준을 최소화하고, 대신 구체적인 성과 지표와 역량 평가 결과를 중심으로 판단하도록 시스템을 개편했다. 그 결과 승진에 대한 구성원들의 신뢰도가 크게 높아졌고, 조직 전반에도 공정성에 대한 긍정적 인식이 확산되었다.

네 번째 원칙: 작은 것부터 바꿔라

K-DEIB에서 가장 중요하지만 간과되기 쉬운 원칙이 바로 '관행의 재설계'다. 큰 제도를 바꾸는 것도 중요하지만, 사실은 일상적인 업무 관행을 바꾸는 것이 조직문화 전환에 더 강력한 효과를 가져오기도 한다. 회의문화를 예로 들어보자. 전통적인 한국 기업의 회의에서는 서열순으로 발언하고, 상급자의 의견에 이의를 제기하기 어려운 분위기가 있었다. 하지만 일부 기업들은 라운드 로빈Round Robin 방식을 도입해서 모든 참석자가 한 번씩은 반드시 발언하도록 하고, 데빌스 애드버킷Devil's advocate 기법을 활용해 의도

적으로 다른 관점을 제시하도록 했다. 이처럼 사소해 보이는 변화가 모이면 팀 분위기와 조직문화는 눈에 띄게 달라진다. 실제로 한 직원은 이렇게 말했다. "회의 방식이 바뀌고 나서 팀 분위기가 완전히 달라졌습니다"라며 "이제는 나이나 직급에 상관없이 좋은 아이디어면 모두가 귀 기울여 들어줍니다."

다섯 번째 원칙: 전체 여정을 보라

마지막 원칙은 '인재 여정 기반 설계'다. 이는 직원이 입사하기 전부터 퇴사한 후까지, 전체 여정에서 K-DEIB 관점을 적용해야 한다는 의미다. 입사 전 단계에서는 채용 공고부터 면접 과정까지 편향이 개입될 여지를 최소화해야 한다. 온보딩 단계에서는 새로운 구성원이 빠르게 적응하고 소속감을 느낄 수 있도록 지원해야 한다. 성장 단계에서는 모든 구성원에게 공정한 발전 기회를 제공하고, 승진이나 이동 시에는 투명한 기준을 적용해야 한다. 심지어 이탈 단계에서도 K-DEIB 관점이 중요하다. 퇴사하는 직원과의 면담을 통해 조직의 포용성 수준을 점검하고, 개선점을 찾아낼 수 있기 때문이다. 이런 관점에서 '직원 여정 맵Employee Journey Map'을 만들어 각 단계별로 K-DEIB 실천 사항들을 정리하는 것도 중요하다.

한국 기업에 필요한 DEIB 과제

다양성, 한국 기업이 실제로 마주한 12가지 다양성 이슈

2025년 6월, 국내 주요 기업의 인사담당자 100인을 대상으로 '자사에서 가장 중요하게 인식하는 다양성 존중 이슈'에 대해 자유 응답을 수집한 결과, 총 12가지 다양성 영역이 도출되었다.

1위: 세대/연령 다양성

응답자 다수는 '세대 간 갈등'을 가장 큰 이슈로 꼽았다. 대표적인 항목은 다음과 같다. 나이/세대 간 상이한 가치관, 나이 어린 직원 비중 증가에 따른 불균형, 젊은 팀장과 연상 팀원과의 소통 문제, 나이와 직급의 불일치에서 오는 위화감. 이러한 결과는 MZ세대와 기성세대 간 소통방식·업무관·위계에 대한 인식 차이가 조직 내 갈등의 주요 원인이 되고 있음을 시사한다. 다양성의 문제는 외부의 '다름'을 수용하는 것을 넘어, 내부의 '다름'으로부터 이미 시작되고 있음을 시사한다.

2위: 여성 리더십과 성별 다양성

여성 임원 및 팀장 비율의 저조와 여성 리더 육성 체계의 부재가 주요 이슈로 언급되었다. 이는 단순히 대표성 부족의 문제가 아니라, 여성 인재가 조직 내에서 중간관리자와 의사결정권자로 성장할 수 있는 파이프라인 부재를 드러낸다. 따라서 조직 차원의 계획적인 육성 제도와 문화적 인식 개선이 병행되어야 할 영역이다.

3위: 경력/입사 경로 다양성

공채 중심 조직문화 속 경력직의 소외감이 존재하고, 그룹사 전적, 외부 채용자, 공채 신입 간 묵시적 위계 존재 등 입사 배경에 따른 암묵적 차별이 존재한다. 이는 인사제도 설계뿐 아니라, 온보딩과 문화 통합 프로그램이 제도화되어야 함을 보여준다. 입사 경로의 차이가 차별이나 배제의 요인으로 작동하지 않도록 체계적 관리가 필요하다.

앞선 주요 항목 외에도, 다음과 같은 다양성 이슈들이 제시되었다.

① 직무/직군 차이: 사무직·생산직·판매직 등 직군 간 위계와 인식 격차가 존재한다. 본사와 현장, 기획과 실행 부서 간 업무

가치에 대한 평가 차이는 조직 내 계층화를 심화시키고 있다.

② 일하는 방식의 차이: 세대 간 소통 방식, 협업 관행, 개인주의와 조직문화의 충돌이 일상적으로 발생한다. 특히 디지털 태생 세대와 아날로그 세대 간의 업무 처리 방식 차이는 효율성 논쟁으로 번지고 있다.

③ 고용 형태의 차이: 정규직과 비정규직 간 정보 접근, 복지, 승진 기회의 차이는 조직 내 이중구조를 고착화한다. 같은 업무를 수행하면서도 고용 형태에 따른 차별적 대우는 조직 몰입도와 성과에 직접적 영향을 미친다.

④ 업무 경험과 능력의 차이: 겉보기 경력에 대한 과신, 직책 우선 문화가 실질적 역량 평가를 가로막고 있다. 연공서열과 성과주의 사이에서 발생하는 평가 기준의 혼재는 구성원들의 불공정 인식을 키우는 원인이 되고 있다.

⑤ 직책/직급 구조의 불일치: 계열사 간 직책 기준 차이, 권한과 책임의 불명확성은 협업과 의사결정 과정에서 지속적인 마찰을 유발한다.

⑥ 국적·인종 차이: 특히 제조업을 중심으로 외국인 구성원이 늘고 있으나, 제도적 지원은 물론, 일상적 소통과 업무 협력에서의 문화적 배려가 부족한 상황이다. 글로벌 기업을 표방하면서

도 실제 다문화 조직 운영 역량은 초보 수준에 머물러 있다. 언어 장벽, 문화적 차이에 대한 이해 부족, 승진 과정에서의 보이지 않는 벽 등이 주요 이슈로 지적되고 있다.

⑦ 장애인 포용: 장애인 구성원에 대한 물리적 접근성 개선은 물론, 업무 수행을 위한 보조 기술이나 지원 시스템이 미흡하다. 장애에 대한 편견과 오해로 인해 실질적 역량보다는 장애 여부가 평가와 배치에 영향을 미치는 경우가 여전히 존재한다.

⑧ 육아 부담: 돌봄 책임자의 커리어 지속 가능성 확보가 부족하다. 특히 육아휴직 후 복귀 과정에서 발생하는 업무 공백과 경력 단절에 대한 체계적 지원이 미흡하다.

⑨ 노동조합 가입 여부: 조합원과 비조합원 간의 암묵적 차별과 불이익 우려가 존재한다. 노사관계가 대립적 구조로 인식되면서 조합 활동 참여가 승진이나 평가에 부정적 영향을 미칠 수 있다는 불안감이 확산되고 있다.

12가지 다양성 이슈는 결국 조직 내부의 위계·소통·구성원 경험의 차이로부터 비롯된 복합적 과제로 이해할 수 있다. 이번 조사에서 확인된 핵심 통찰은, 국내 기업들이 '다양성'을 단일 항목이 아니라 '조직 내 마찰이 발생하는 접점'으로 체감하고 있다는 점이다. 특히 세대, 성별, 입사 경로 등은 표면적으로는 개인의 차이처럼 보이지만, 실제로는 평등한 평가·승진·의사소통 구조와 밀접하게 연결되어 있다. 이는 다양성 이슈가 단순히 '다른 사람들을 받아들이자'라는 도덕적 당위에서 출발하는 것이 아니라, '조직 효과성을 저해하는 구조적 문제'로 인식되고 있다는 사실을 보여준다.

이는 다양성 전략이 경영전략의 핵심 영역으로 자리매김해야 함을 의미한다. 또한 응답에서 드러난 이슈들은 대부분 제도와 문화의 불일치에서 비롯된다. 예컨대 공정한 평가 제도를 표방하지만 실제로는 연공서열이나 학벌, 입사 경로에 따른 암묵적 차별이 존재하고, 수평적 소통을 강조하면서도 세대 간 소통 방식의 차이를 인정하지 못하는 모순이 반복되고 있다. 따라서 다양성 전략은 더 이상 외부 시선을 위한 캠페인이 아닌, 조직문화와 인사제도의 중심 전략으로 자리매김해야 한다.

공정성, 능력과 보상의 불일치 해결

"또 나한테 일이 넘어 왔네." 오늘도 김 프로는 한숨을 쉰다. 프로젝트 마감이 코앞인데 동료는 여유롭게 칼퇴근을 준비하고 있다. 결국 그의 몫까지 떠맡게 된 김 프로의 야근은 이미 예정된 수순이다. 하지만 연말 평가에서 둘의 점수 차이는 고작 0.2점. 승진과 보상에서도 큰 차이는 없다. 이런 장면은 한국 기업 어디서나 쉽게 찾아볼 수 있다. 능력 있는 직원일수록 더 많은 업무를 떠안지만, 그에 상응하는 보상은 받지 못하는 모순적 상황이 일상화되어 있다. 상대평가 시스템은 탁월한 성과자도 평균 수준에 묶어두고, 경직된 보상 구조는 개인 기여도를 제대로 반영하지 못한다.

리더들 역시 딜레마에 빠진다. 우수 인재에게 더 나은 조건을 주고 싶어도 회사 규정이 발목을 잡고, 저성과자에게 강력히 피드백을 하려 해도 법적·제도적 제약이 따른다. 결국 "다 똑같이" 대우하는 것이 가장 안전한 선택이 된다. 문제는 이 구조가 조직 전체에 독이 된다는 점이다. 우수 직원들은 "왜 나만 손해를 봐야 하지?"라는 박탈감에 사로잡히고, 결국 의욕을 잃거나 이직을 고민한다. 반대로 저성과자들은 "최소한만 해도 괜찮다"라는 잘못된 신호를 받아 더 노력할 이유를 잃는다. 그 결과, 노력하는 사람이 바보가 되고 적당히 하는 것이 처세술로 여겨지는 문화가 굳어져 버린다. 이런 조직에서 혁신과 성장을 기대하기는 어렵다.

완벽한 해답은 없지만, 몇 가지 방향은 분명하다. 먼저 평가의 투명성을 높여야 한다. 무엇을 기준으로 평가하는지, 왜 이런 결과가 나왔는지 구성원들이 납득할 수 있어야 한다. 차등 보상을 위한 제도적 여건도 마련해야 한다. 법정 범위 내에서라도 성과에 따른 명확한 차별화가 가능한 시스템을 구축하는 것이 필요하다. 무엇보다 리더십의 의지가 중요하다. 결국 제도만으로는 한계가 있다. 성과와 기여도에 따른 공정한 대우를 실현하려는 조직과 리더십의 결단이 필요하다.

공정성이란 모든 사람을 똑같이 대우하는 것이 아니라, 각자의 기여도에 맞게 합당한 대우를 하는 것이다. 2026년, 기업들이 반드시 도달해야 할 질문은 이것이다. "일 잘하는 직원과 그렇지 않은 직원을 어떻게 대우하는 것이 진정한 공정성인가?"

포용성, 심리적 안전감과 배제가 아닌 협력

회의실에서 신입사원 박 매니저가 조심스럽게 손을 든다. "다른 방법은 없을까요?" 순간 모든 시선이 그에게 쏠린다. 15년 차 팀장은 잠깐 당황하다가 "어떤 아이디어인지 들어보자"고 말한다. 그 순간부터 회의실의 분위기가 달라진다. 더 많은 목소리가 나오고, 더 창의적인 솔루션이 등장한다. 이것이 진짜 포용성이다. DEIB에 대한 관심은 높아지고 있지만, 한국 기업들의 걸음은 여전히 제자리다. 다양성 채용은 늘었지만, 정작 그들의 목소리는 조직에서 사라지고, 공정성 제도는 생겼지만 실제 기회 배분은 여전히 불공정하다. 포용성을 말하지만 회의실에서는 몇몇 사람의 의견만 들린다.

왜일까? 한국형 K-DEIB의 핵심인 '포용성'을 제대로 이해하지 못했기 때문이다. 포용성은 단순히 다양한 사람을 모아 놓는 것이 아니다. 그들이 실제로 참여하고, 기여하며, 영향을 미칠 수 있게 만드는 것이다. 그리고 이를 위해서는 두 가지 조건이 반드시 충족되어야 한다. 심리적 안전감과 배제 없는 협력이다. 심리적 안전감이 없으면 포용성도 없다. 아무리 다양한 배경의 사람들을 채용해도, 그들이 "말해봤자 소용없어", "괜히 튀면 찍혀" 같은 생각을 한다면 침묵할 수밖에 없다. 젊은 직원은 "경험 없다"는 소리가 두려워 아이디어를 숨기고, 여성 직원은 "감정적"이라는 평가가 무서워 강한 의견을 자제한다. 이런 환경에서 어떻게 포용성을 기대할 수 있을까? 진정한 변화는 리더가 먼저 보여줄 때 시작된다. "틀려도 괜찮다", "반대 의견 환영한다"는 말보다 중요한 것은 실제로 다른 의견을 경청하고, 실수를 학습 기회로 받아들이는 행동이다. 누군가 용기 내어 다른 의견을 말했을 때, 그 사람이 아니라 아이디어 자체에 집중하는 문화가 자리 잡을 때 비로소 심리적 안전감이 형성된다.

그러나 리더의 노력만으로는 충분하지 않다. 구성원 모두가 서로를 배제하지 않는 협력 문화를 만들어가야 한다. 기성세대가 젊은 세대를 "요즘 애들은 주인의식이 없어"라며 폄하하고, 젊은 세대가 기성세대를 "꼰대"라며 치부하는 순간, 포용성은 공허한 구호로 전락한다. 진정한 포용성은 서로의 다름을 인정하고 그것을 활용하는 데서 시작된다. 기성세대의 경험과 네트워크, 젊은 세대의 시각과 디지털 역량이 만나야 진짜 시너지가 나온다. 기성세대가 젊은 세대의 성장을 돕는 멘토가 되고, 젊은 세대가 기성세대와 정보를 공유하며 소통의 다리 역할을 할 때 조직 전체가 성장한다.

무엇보다 중요한 것은 포용성을 성과와 연결하는 것이다. 도덕적 당위성만으로는 지속되지 않는다. 다양한 구성원이 안전하게 참여할 수 있는 문화가 더 빠른 문제 해결, 더 창의적인 아이디어, 더 탄탄한 리스크 관리로 이어진다는 것을 보여줘야 한다. 그래야 포용성이 '해야 하는 일'이 아니라 '하고 싶은 일'이 된다. 한국형 K-DEIB에서 포용성은 서구식 모델을 그대로 따라 하는 것이 아니다. 우리만의 조직문화와 사회적 맥락을 고려한 실용적 접근이어야 한다. 심리적 안전감을 바탕으로 배제 없는 협력을 이끌어 내고, 이를 성과로 연결하는 구조를 만드는 것. 이것이 한국 기업이 추구해야 할 진짜 포용성이다. 기성세대와 젊은 세대가 서로 존중하며 함께 성장할 때, 포용성은 구호가 아니라 경쟁력이 된다.

소속감, 회사와 조직에 대한 생각의 방향성이자 앞으로 가장 강력한 경쟁력

코로나19 이후 전 세계적으로 직장인들의 소속감이 크게 약화되었다. 갤럽 조사에 따르면 적극적으로 몰입하는 직원은 전 세계 평균 23%, 한국은 이보다 낮은 12%에 불과하다. 그러나 소속감이 높은 조직은 완전히 다른 결과를 보여준다. 이직 위험은 50% 줄고, 병가 사용은 75% 감소하며, 업무 몰입도와 자발적 참여가 크게 높아진다. 이는 단순한 만족도를 넘어 실질적인 경영 성과로 이어진다. 소속감은 주인의식이나 로열티와 유사한 개념이다. 하지만 최근 많은 기업은 주인의식이나 로열티를 공개적으로 강조하지 않는다. 직원들의 의식 변화 때문이다. 소속감은 그보다 한 단계 낮아 보일 수 있지만, 사실상 조직과 직원 관계를 설명할 수 있는 마지막 개념이다. 이마저도 놓치면 조직은 직원과의 연결을 설명할 언어를 잃게 된다.

소속감 강화는 서구 중심으로 글로벌 HR의 핵심 과제다. 이를 위해서는 정기적 측정이 무엇보다 중요하다. 더 중요한 것은 하락의 조기 신호를 놓치지 않는 것이다. 갑작스러운 근태 변화, 회의 참여 저하, 동료와의 소통 감소는 소속감 하락을 알리는 신호일 수 있다. 이를 빠르게 감지하고 적절히 개입해야 한다. 소속감은 HR 부서의 일이 아니다. 조직 운영 전체의 과제이며, 모든 리더가 팀원들의 소속감을 지속적으로 살펴야 한다. 또한 소속감을 단순한 감정 문제가 아니라 성과와 직결되는 경영 이슈로 인식해야 한다. 구성원들이 리더와 동료로부터 연결되어 있다고 느낄 때 비로소 소속감이 형성된다. 이것이 바로 K-DEIB가 추구하는 궁극적 목표다. 즉, "소속감은 감정이 아니라 성과다. 연결된 직원이 곧 경쟁력이다."

4
한국형 K-DEIB 실행을 위한 제언

DEIB에 대한 명언은 많지만, 조직문화 관점에서 가장 간결하고 명확한 표현은 로절린드 브루어(WBA 전 CEO)의 말일 것이다.

"다양성은 파티에 초대받는 것, 포용성은 함께 춤추자는 것이며, 소속감은 그 춤을 마음껏 즐기는 것이다."

우리나라에서 '파티'라는 개념이 다소 낯설 수 있지만, 조직에 그대로 대입해 보면 의미가 선명해진다. 파티를 팀 차원의 참여와 기여, 그리고 조직 차원의 참여와 기여라고 생각해 보자. 다양성은 파티에 초대받는 것이다. 파티가 열렸는데 "당신은 여성이니까 안 돼", "당신은 나이가 어려서 안 돼", "당신은 장애가 있어서 안 돼"라는 이유로 배제된다면, 그것은 다양성이 존중되지 않는 상황이다. 모든 구성원이 조직의 일원으로서 누구나 참여하고 기여할 수 있어야 한다는 것이 다양성 존중의 의미다. 그런데 막상 파티에 초대되어 갔더라도, 입구가 모두 계단으로 되어 있어 장애인은 들어갈 수 없다면? 음료가 와인과 위스키뿐이라 마실 수 없다면? 춤도 오직 탱고만 가능하다면? 초대는 받았지만 정작 아무것도 할 수 없는 상황이 된다.

이러한 장벽을 제거하는 것이 바로 공정성이다. 파티장에 엘리베이터가 마련되고, 주류뿐 아니라 생수와 주스가 제공되며, 다양한 방식으로 즐길 수 있는 활동이 준비되어야 한다. 포용성은 함께 춤추자고 요청을 받는 것이다. 결국 파티는 춤을 추기 위해 가는 곳인데, 아무도 춤을 권하지 않는다면 초대받은 사람은 단순한 구경꾼이 될 수밖에 없다. 누군가 "같이 춤추자"고 권해야 진정한 참여가 이루어진다. 마지막으로 소속감은 그 춤을 마음껏 즐기는 것이다. 다양성, 공정성, 포용성이 제대로 작동했을 때 자연스럽게 나타나는 결과이며, 동시에 조직 성과로 이어지는 중요한 힘이다. 경영자와 리더는 파티를 곧 회사의 조직 운영이라고 생각하고, 이 예시를 하나씩 적용해 본다면 DEIB의 개념을 보다 정확히 이해하고 실행하는 데 큰 도움이 될 것이다.

K-DEIB는 단순한 트렌드나 윤리적 가치가 아니라, 조직의 생존과 지속 가능한 성장을 위한 운영 체계다. 한국 기업이 급변하는 환경 속에서 경쟁력을 유지하고 혁신을 이끌기 위해서는 K-DEIB의 성공적 내재화가 필수적이다.

첫째, 경영전략과의 통합이 필요하다. DEIB를 HR 기능에만 한정하지 않고 브랜드 전략, 고객 경험^{CX}, 제품·서비스 개발, 공급망 관리 등 전사 프로세스로 확장해야 한다. DEIB 성과를 KPI에 반영하거나 관련 리스크를 감사 항목에 포함하는 등 체계적 접근이 요구된다. CEO와 경영진이 DEIB를 전략적 우선순위로 인식하고 사업 목표와 연계해야만 실질적 변화가 가능하다.

둘째, 데이터 기반 정교화가 필요하다. 성비나 교육 이수율 같은 단순 지표를 넘어, 포용성 인덱스·심리적 안전 지수·소속감 진단 도구 등 고도화된 지표를 설정하고 이를 피플 애널리틱스와 연계해 실시간 DEIB 대시보드로 관리해야 한다. "측정할 수 없으면 관리할 수 없다"는 기본 원칙을 적용해, 지표 간 상관관계를 분석하고 DEIB의 사업적 가치를 논리적으로 설명할 수 있어야 한다.

셋째, 리더십 개발과 역할 강화가 중요하다. 리더십은 DEIB 실행의 핵심 동력이다. 리더들은 무의식적 편견을 인식·제거하는 방법, 포용적 팀 환경을 조성하는 기술, 다양한 관점을 수용하는 스킬을 갖추어야 한다. 이를 위해 리더 워크숍을 운영하고, DEIB를 리더십 역량 개발과 정책·업무 방식 전반에 반영해야 한다.

넷째, 심리적 안전감을 기반으로 한 소통 혁신이 필요하다. 구성원들이 실수를 두려워하지 않고 자유롭게 의견을 표현하며 협업할 수 있는 환경을 만들어야 한다. AI 기반 실시간 번역, 자막 시스템, 다양한 소통 채널(텍스트·비디오·음성) 활용, 익명 피드백 시스템 등 디지털 기술을 적극 도입해 공정하고 포용적인 소통 문화를 정착시켜야 한다.

DEIB는 정적인 개념이 아니라, 변화하는 환경과 구성원의 요구를 반영하며 끊임없이 발전해야 하는 원리다. 조직문화의 중심에 비전과 핵심가치를 DEIB와 통합하고, 일하는 방식의 혁신을 통해 조직의 유연성과 협력문화를 강화해야 한다. K-DEIB는 정치적 구호나 윤리적 당위가 아니라, 실질적인 운영 체계다. 직무 중심의 공정성으로 신뢰를 쌓고, 포용적 행동 루틴으로 심리적 안전을 확보하며, 소속감을 주기적으로 측정·개선할 때, 대표성·격차·성과를 통합 관리할 수 있는 운영 구조가 완성된다. 이는 곧 한국 기업의 지속가능한 성과 프레임이며, 글로벌 리더로 성장하기 위한 필수적 길이다.

결국 K-DEIB는 한국적 조직문화 맥락을 존중하면서도 글로벌 스탠다드에 부합하는 실용적이고 효과적인 프레임워크다. 한국 기업들이 K-DEIB를 통해 구성원 모두가 잠재력을 최대한 발휘하고, 조직과 함께 성장할 수 있는 환경을 조성한다면, 지속 가능한 경쟁우위와 사회적 가치 창출이 맞물린 선순환 구조를 만들어 갈 수 있을 것이다.

에필로그
한국 기업에 2026 SPARKLE 조직문화를 제안한다

2026년의 문턱에서, 우리는 다시 '조직'이라는 이름의 공동체를 묻는다. 기술은 더 빠르게 진화하고, 일의 형태는 끊임없이 재편되고 있다. 하지만 그 변화의 중심에는 언제나 '사람'이 있다. 결국 조직의 미래를 결정짓는 것은 시스템이 아니라, 사람이 어떻게 일하고, 함께하고, 성장하느냐에 대한 질문이다.

우리가 제시한 SPARKLE은 단순한 한 해의 트렌드가 아니다. SPARKLE은 앞으로의 조직이 지향해야 할 '문화적 나침반'이며, '성과'와 '사람다움'이 공존하는 시대를 위한 새로운 질서다. 조직문화의 미래는 더 이상 거창한 구호나 포스터 속에 있지 않다. 그것은 오늘 리더의 한마디에서, 그리고 동료 간의 신뢰와 소통 속에서 조용히 쌓여 간다. SPARKLE은 그 작은 순간들을 통해 조직의 일상을 바꾸는 실천의 언어다. 2026년, 한국 기업이 다시 일어서는 힘은 '문화'에서 시작된다.

이 책은 그 가능성을 믿는 다섯 명의 연구자가 함께 만든 여정의 기록이다. 2025년 공저자들은 강의와 프로젝트를 통해 국내외 기업 현장에서 리더와 구성원들의 생생한 목소리를 듣고, 변화의 시그널을 찾아왔다. 여기에 학술적 분석과 생생한 기업 사례를 더해 한국 기업이 2026년 이후 어떤 방향으로 나아가야 하는지에 대한 통찰과 실천적 해법을 담았다.

우리는 여전히 완벽한 해답을 가진 연구자가 아니다. 하지만 수많은 조직과 리더, 구성원들을 만나며 배운 것은 단 하나다. 조직문화의 혁신은 언제나 '사람의 이야기'에서 시작된다는 것이다. 그들의 고민, 용기, 그리고 작지만 진심 어린 실천들이 이 책을 완성시켰다. 변화하는 환경 속에서도 매일매일 오늘을 최선을 다해 살아가는 우리나라 경영자 및 리더, 그리고 구성원들의 노력이야말로 이 시대를 반짝이게 만드는 진짜 SPARKLE이다. 단, 이 책은 조직문화의 마침표가 아니다. 오히려 또 다른 시작점이다. 우리는 앞으로도 변화하는 환경 속에서 새로운 시그널을 포착하고, 이를 연구하며, 그 통찰을 함께 나누고자 한다.

이 여정을 함께한 모든 리더, 연구자, 그리고 독자에게 진심으로 감사드린다. 그리고 하늘에서 언제나 우리를 지켜주고 계신 엄마와 늘 곁에서 사랑으로 응원해준 가족들에게 이 마음을 바친다. 당신들의 믿음과 존재가 나의 SPARKLE이었다.

다가오는 2026년, 조직문화의 다음 장은 이미 우리 손 안에서

쓰이고 있다. 그 문장 하나하나가 당신의 일과 삶 속에서, 다시 사람으로부터 빛나길 바란다.

저자를 대표해서,
기민경

| 저자 |

정진호 더밸류즈 가치관경영연구소 소장

가치관-ESG-DEIB-조직문화를 통합적으로 연구한 국내 유일한 조직문화전문가이자 경영컨설턴트이다. 현재 경기대학교 AI컴퓨터공학부 겸직교수로 재직하고 있다. IGM 세계경영연구원 교수와 현대경제연구원 인재개발원 실장을 역임했으며, 서울벤처대학원에서 ESG경영과 가치관경영의 관계를 연구해 경영학 박사학위를 받았다.

2015년 더밸류즈 가치관경영연구소를 설립했으며, 200여 개 민간조직과 공공조직에 대한 가치관 정립과 조직문화 컨설팅을 수행하며 다양한 성과를 남겼다. "세상 모든 조직이 자기 고유의 가치관을 가지게 하겠다"라는 비전을 세우고 끊임없이 현장에서 교감하며 활동하고 있다. KBS1라디오, 매일경제TV 등 활발한 방송활동과 경영베스트셀러 『가치관으로 경영하라』, 『가치관경영』, 『더스마트』, 『DEI 시작하기』, 『조직문화 혁신과 뉴 트렌드』와 자기계발서 『왜 그렇게 살았을까』, 『일개미의 반란』을 썼다.

✉ jjhland@naver.com

기민경 더밸류즈 가치관경영연구소 상무

더밸류즈 가치관경영연구소 창립멤버이자 연구개발 상무. IGM세계경영연구원 HR연구소를 거쳐 현재는 가치관경영 및 조직문화 컨설턴트이자 기업 맞춤형 가치관 가이드북 전문 작가로 활동하고 있다. 콘텐츠 개발, 컨설팅, 집필활동을 통해 기업의 가치관경영과 조직문화 혁신을 돕고 있다.

프로젝트 과정에서 구성원들이 일의 의미를 되찾고, 그 순간 기업에 긍정적 변화의 스위치가 켜질 때 가장 큰 보람과 행복을 느낀다. 그것이 이 일을 하는 이유다.

저서로는 더밸류즈의 경영베스트셀러 『가치관으로 경영하라』와 IGM세계경영연구원 연구진과 함께 펴낸 『팔리지 않으면 크리에이티브가 아니다』가 있다.

✉ mkkee0824@gmail.com

박지호 더밸류즈 가치관경영연구소 교수 / 행복한 변화 연구소 대표
사람과 조직의 가능성을 믿고, 생성형 AI를 활용한 학습 혁신을 통해 성장의 길을 모색해온 HRD 전문가이다. 서울대학교에서 산업인력개발을 전공하고, 중앙대학교에서 경영학 석사, 서울벤처대학원대학교에서 경영학 박사 학위를 받았다.
기업과 공공기관, 대학 현장에서 교육과 조직개발을 수행하며 HRD 전략을 변화와 연결해왔다. 최근에는 생성형 AI 교육 과정을 운영해 학습자가 이를 전략적 사고의 도구로 활용하도록 돕고 있다.
현재 행복한 변화 연구소 소장으로서 HR 컨설팅과 리더십 교육을 이끌고 있으며, 한국기술교육대학교와 인재육성아카데미, 서울벤처대학원대학교에서 강의하고 있다. 대표 과정으로는 'AI 활용 인사전략', 'AI, 경영전략', 'AI 기반 영업마케팅 전략' 등이 있다.
그는 실습 자료와 진단 도구를 직접 개발하여 학습자의 자기주도적 성장과 조직 혁신을 지원하고 있다.   again516@naver.com

박진호 더밸류즈 가치관경영연구소 상무 / 투타임즈 대표
조직의 성과관리와 인재개발을 전문적으로 연구하는 경영컨설턴트이자 퍼포먼스 코치다. 경영전략, 가치체계 수립, OKR 성과관리 컨설팅을 통해 조직과 개인의 성과 향상을 돕는 데 주력하고 있다. 현재 더밸류즈 가치관경영연구소의 파트너 컨설턴트로 활동하며, 투타임즈 대표를 맡고 있다.
뷰티플휴먼 교육사업부 팀장과 가인지컨설팅그룹 컨설팅센터 센터장을 역임했으며, 한양대학교 경영전문대학원에서 조직인사 분야 경영학 석사 학위를 취득했다.
"실행이 병행되는 성과관리 컨설팅으로 조직의 성과를 향상시키는 것"을 사명으로 삼고, 10여 년간 100인 이하 언더백 기업을 대상으로 100건 가까이 의미 있는 경영 사례를 만들어 왔다. 저서로는 조직의 전략 수립을 돕는 『전략수립 W모델』, 조직문화 구축에 도움이 되는 『조직문화 혁신과 뉴 트렌드』, 개인의 가치와 비전 수립을 돕는 『인생추락주의』 등을 썼다.   two-times@naver.com

최준오 더밸류즈 가치관경영연구소 교수 / 엘앤디스토리 대표

사람에 대한 무한한 가능성을 믿으며, 함께 성장하는 기쁨을 추구하는 인재개발 전문가. 성균관대와 고려대에서 학부, 석사로 교육학과 기업교육을 전공하였으며, 한양대에서 평생학습 전공 박사과정 중에 있다. 20여 년 동안 교학상장의 일념으로 기업교육 실무자와 팀장, 임원으로서 웅진, CJ, 스마일게이트, 오케이금융그룹 등에서 근무했으며, 계층별 리더의 체계적 육성, 구성원 역량개발, 강한 조직을 만들기 위한 다양한 조직문화 프로젝트를 수행해왔다.

현재 엘앤디스토리 대표와 푸름인재개발원 HRD전략연구소장, 그리고 더밸류즈 가치관경영연구소의 파트너 교수로서, 기업교육 및 공공기관 HR 컨설팅, 리더십 강의, 조직개발 퍼실리테이션, HR자문 활동, 집필 등 다양한 활동을 하고 있다. 저서로는 『더 스마트』와 『AI 대전환 시대, 나는 리더』가 있다.

✉ sophist94@naver.com

조직문화 트렌드 2026

초판 1쇄 발행 2025년 11월 27일

지은이 정진호 기민경 박지호 박진호 최준오

편집 윤소연
마케팅 안보라 **경영지원** 이지원
펴낸이 최익성 **펴낸곳** 플랜비디자인
표지 디자인 스튜디오 사지 **내지 디자인** 공홍

출판등록 제2016-000001호
주소 경기도 화성시 동탄첨단산업1로 27 동탄IX타워 A동 3210호

전화 031-8050-0508
팩스 02-2179-8994
이메일 planb.main@gmail.com

ISBN 979-11-6832-221-9 (03320)

- 이 책은 저작권법에 따라 보호받는 저작물이므로 무단 전재와 무단 복제를 금지하며, 이 책의 내용을 전부 또는 일부를 이용하려면 반드시 저작권자와 플랜비디자인의 서면 동의를 받아야 합니다.
- 잘못된 책은 구매처에 요청하면 교환해 드립니다.

ORGANIZATION DEVELOPMENT

04